❄ **Vorarlberg · FL · CH**

Winter Guide

**Rodeln, Wandern, Biken und
die schönsten Familienskigebiete**

AF142605

Foto: Daniel Zangerl

1

Wichtiger Hinweis!

Danke für deine Mithilfe die Natur zu bewahren. Denn durch deine Wertschätzung der Natur und deinen Weitblick für das große Ganze wird unsere Naturvielfalt hoffentlich auch in Zukunft nachhaltig erhalten bleiben. Danke, dass du deine Grenzen respektierst! www.respektiere-deine-grenzen.at

Alle Touren sind bestmöglich recherchiert. Fahrverbote missachten bedeutet Gesetzesverstoß! Bei Fahrverbot ist vor dem Befahren das Einverständnis des Grundeigentümers einzuholen.

Manche Winterwanderwege, Rodelstrecken oder Rodelhügel sind inoffiziell und werden somit nicht von deren Gemeinde oder Bergbahn ausgeschildert, präpariert oder dafür eine Haftung übernommen.

Verbesserungsvorschläge, Tipps und Kommentare sind erwünscht und werden in den GPX-Tracks des Winter Guides berücksichtigt und ständig aktualisiert. Wir sind dankbar über dein Feedback und Kommentar direkt bei den online GPX Tracks oder auf unserer Website www.tourenspuren.at - Danke!

Impressum

Winter Guide
Rodeln, Wandern, Biken und die
schönsten Familienskigebiete
Alexander Sonderegger
ISBN: 978-3-903240-36-0

Kontakt: Alexander Sonderegger
https://cola.webflow.io, alexander.
sonderegger@kombinat.at

Karten/Typografie: Kartengrundla-
ge ist die OpenStreet Map (www.
openstreetmap.org) mit freund-
licher Unterstützung von www.
komoot.de, Glober, Fontfabrik

Verlag: edition V, www.edition-v.at

Entdecke Neuland

Rodeln in Dorfnähe oder lieber am Berg? Schneeschuhe oder Winterwanderschuhe lieber daheim lassen oder doch besser mitnehmen? Ist dort überhaupt Schnee und kann gerodelt werden?

Rodeln mit der ganzen Familie oder zweisam mit deinem Liebsten bzw. deiner Liebsten. Die Bahn sollte Spaß machen und hoffentlich in Bestzustand erscheinen. Doch in Zeiten wie diesen, in denen Schneesicherheit oft ungewiss ist, ist das keine Selbstverständlichkeit mehr. Deswegen kommt es immer öfter vor, dass auch im Winter zum Bike gegriffen und die eine oder andere Rodelbahn unter die Stollen genommen wird. Auch Anfänger können dabei richtig Spaß haben und Lust auf Wiederholung bekommen.

In diesem Winter Guide steht der Spaß auf, mit und um Rodelbahnen im Vordergrund. Je nach Bedingungen kannst du hier auch perfekt biken. Ist die Piste gewalzt oder präpariert und somit hart genug und nicht zu steil, kannst du mit deinem Bike richtig großen Spaß in der Winterlandschaft erleben und eventuell eine neue Leidenschaft in dir entdecken. Ist dir das zu umständlich, können die Bahnen auch bestens zum Winterwandern oder für Schneeschuhtouren abseits der Piste benutzt werden.

Viel Spaß beim Neuland entdecken.

Erklärung · Tipps · Infos

⊕ Ort: Die Gemeinde oder Ortschaft, in der die Tour gänzlich oder überwiegend verläuft.

⚏ Start: Der Ausgangspunkt oder Startpunkt der Tour, der bestmöglichst gelegen ist und die öffentliche Anbindung und den Parkplatz ideal berücksichtigt. Der Parkplatz ist darüber hinaus mittels QR Code scannbar und sehr einfach per Handy und Karten-APP auffindbar.

⚐ Ziel: Der obere Startpunkt bzw. Einstieg der Rodelbahn. Hier startet dein Rodelspaß nach deinem Aufstieg oder nach der Bahnfahrt.

⚇ Niveau: Dabei unterscheiden wir zwischen drei Schwierigkeitseinstufungen. Die Schwierigkeitsbewertung gilt für Leute, die regelmäßig aktiv sind und Sport betreiben.

Leicht: Flache und einfache Strecke mit sanften Kurven, ideal für kleine Kinder und Anfänger.

Mittel: Durchschnittlich mittelsteile Strecke, auch für Kinder gut geeignet.

Schwer: Steiler Streckenverlauf mit teilweise engen und schwierigen Stellen, Kurven oder Hohlwegen. Gefahr bei Vereisung! Beherrschung des Rodels mit guter Bremstechnik erforderlich.

⊘ Exposition: Angabe der überwiegenden Ausrichtung der Himmelsrichtung (Nord, Ost, Süd, West) von der Rodelstrecke in Rodelrichtung d.h. bergab / talwärts.

ⓘ Strecke: Überwiegende Beschaffenheit der Rodelbahn (Straße, Forststraße, Rodelhügel) oder Angabe, ob es sich nur um einen Rodelhügel für Kinder handelt.

♥ Erlebnis: Thematische Bewertung der Erlebniswerts der Rodeltour von einem bis fünf Sterne (geringe bis hohe Bewertung). Meist abhängig von besonderen Gegebenheiten wie z.B. Beleuchtung der Strecke am Abend oder attraktiver Einkehrmöglichkeit.

🏔 Landschaft: Bewertung der Einbettung der Strecke in die Landschaft von einem bis fünf Sterne (geringe bis hohe Bewertung). Schöne Weitblicke und Aussichten auf Bergspitzen oder Bergketten und landschaftliche Besonderheiten bewirken eine gute und möglichst hohe Sternebewertung.

👍 Kondition: Bewertung der konditionellen Anforderung an die Tour von einem bis fünf Sterne (geringe bis hohe Bewertung). Lange Distanz und viel Höhenmeter erfordern mehr Kondition und bekommen somit auch mehr Sterne.

→ Distanz: Die Distanz beschreibt die gesamte Wegstrecke bergauf und bergab in Kilometer.

♀ Höchster Punkt: Der absolut höchste Punkt der Rodeltour in Meter über dem Meeresspiegel. Höhenangaben sollen der leichteren Orientierung dienen und können je nach Navigationsgerät leicht variieren.

📅 Jahreszeit: Der wesentliche Punkt für die beste Jahreszeit beim Rodeln und Wintersporteln steht und fällt mit der Schneelage. Die Monatsangaben für den besten Zeitpunkt resultiert aus Erfahrungswerten der Vergangenheit. Eine telefonische Auskunft über die Schneesituation und den Pistenzustand ist besonders bei längerer Anfahrt ratsam.

◔ Gesamtzeit: Wanderzeit bergauf bis zum Startpunkt der Rodelbahn und die Rodelzeit bergab. Auch wenn du mit einem Lift zum Einstieg der Rodelbahn hoch fahren kannst, sind die Zeiten immer so angegeben, als ob du zu Fuß gehen würdest. Erfahrungsgemäß kann es je nach Kondition und Gehtempo zu Abweichungen kommen. Die Zeitangaben sind als grobe Orientierung zu verstehen und sollten bei gemütlichem Lauftempo gut erreichbar sein.

☙ Winterbiken: Zugegeben, Biken im Winter mag auf den ersten Blick exotisch wirken und manch Rodelfreund könnte sich durch Biker auf der Rodelstrecke irritiert fühlen. Deshalb sei vorab erwähnt, dass sich zum einen nur breite Rodelstraßen für das Biken eignen und dass hier das Uphill (die Aufwärtsfahrt) und nicht Downhill (die Abwärtsfahrt) im Blickpunkt steht; Zumal heutzutage E-Bikes und Fat-Bikes eine starke Verbreitung haben. Wenn der Spaß im Vordergrund stehen soll, sind nicht zu steile (<10%) präparierte Rodelbahnen und E-Bikes die richtige Wahl. Spikereifen werden überbewertet und sind nur bei eisigen Verhältnissen unverzichtbar. Ein guter breiter Stollenreifen macht gute Arbeit und ist mehr als ausreichend. Rodelstrecken, die sich besonders zum Winterbiken eignen, sind mit einer hohen Sternebewertung gekennzeichnet.

❋ Winterwandern: Es liegt nahe, die meisten der Rodelstrecken auch fürs Winterwandern zu benutzen. Viele der Bahnen sind geschichtlich auch so entstanden, dass vor der eigentlichen Rodelstrecke der Weg für Fußgänger vorgesehen war. Strecken abseits vieler Rodler, wo oft weniger los ist, haben eine höhere Sternebewertung, da diese schöner zu wandern sind.

❁ Schneeschuhwandern: Der Fokus bei den Touren im Buch liegt nicht auf fortgeschrittenen und ausgedehnten Hochtouren, sondern mehr auf Anfänger- und Familientouren. Genau aus diesem Grund ist bei jeder Tour auch die Disziplin des Schneeschuhwanderns berücksichtigt. Somit kannst du easy und auf einen Blick erkennen, ob sich eine Tour und deren Gebiet gut oder weniger gut zum Schneeschuhwandern eignet.

Steigung: Angabe der durchschnittlichen Steigung in Prozent (flach <10%, mittel <15%, steil >15%).

Einkehr: Eine Einkehr- oder Aufwärmmöglichkeit, sofern vorhanden, ideal an der Strecke gelegen, mit den wichtigsten Kontaktinformationen (Telefon und Internet).

Kindertauglich: Ist die Tour auch für kleinere Kinder geeignet oder eher nicht? Die Familientauglichkeit möglichst vieler Touren liegt nahe, da Rodeln ein großer Spaß für die ganze Familie ist.

Orientierung + Karten: Grundsätzlich sind sämtliche Touren mit QR-Code/Internet auch interaktiv erlebbar. Idealerweise verschaffst du dir vor jeder Tour einen Kartenüberblick und wenn möglich hast du eine gedruckte Karte zur Orientierung mit dabei. Dem GPX Track mittels Handy folgen ist natürlich auch möglich. Achtung! Hohe Akku-Beanspruchung bei Kälte und niedrigen Temperaturen. Handy in warmer Innentasche oder in der Nähe der Teekanne bringt bessere und längere Akkuleistung.

Bus + Bahn: Die Verwendung von Bus und Bahn ist eine bequeme Art der Anreise und schont Umwelt und Natur. www.vmobil.at

Lawinengefahr

Die Lawinensituation sollte bei Rodelbahnen in Vorarlberg keine ernstzunehmende Gefahrenquelle darstellen. Deswegen wurde bei den Eckdaten der Touren auf diesen Hinweis verzichtet.

Für die Einschätzung der Gefahrensituation sind Lawinenwarndienste jedoch unerlässlich. Bei exponierten Touren und beim Verlassen des gesicherten Bereichs ist eine aktuelle Auskunft der Lawinenwarnsituation für jeden smarten Wintersportler selbstverständlich.

https://vorarlberg.at/-/lawinenwarndienst

Sicheres Rodeln

Das Rodeln erlebt einen regelrechten Boom. Denn es ist ein Spaß in freier Natur, an der frischen Winterluft, der keine teure Ausrüstung erfordert. Bei dem ganzen Spaß dürfen die Risiken oder Gefahren aber nicht unterschätzt werden. So gilt, es einige Dinge zu beachten.

Vorbereitung: Suche nicht am Anfang schon die schwerste Strecke aus. Beginner sollten zuerst auf einem Hügel das Rodeln erlernen, bevor es dann auf die Rodelstrecke mit seitlichen Abhängen geht. Beim Kauf einer Rodel ist darauf zu achten, dass diese sich gut lenken lässt.

Pistenregeln: Nicht nur beim Skifahren, sondern auch beim Rodeln gibt es Pistenregeln.

- Beim Hinauflaufen hintereinander am Rand entlang laufen und Bahn stets freihalten.
- Nicht liegend oder mit dem Kopf nach vorne rodeln.
- Binde die nicht mehrere Rodeln (hintereinander) zusammen!
- Beim Bremsen mit vollem Körpereinsatz die Füße in den Boden drücken, so kommt man schnell zum Stillstand.

Ausrüstung
- Winterbekleidung
- Handschuhe
- gutes und festes Schuhwerk
- Skibrille
- Helm
- Stirnlampe beim Nachtrodeln

Rodeln mit Kindern

Folgende Tipps und Infos sorgen für Sicherheit und Rodelspaß mit Kindern.

- Rodeln mit Kindern erst ab einem Jahr.
- Der Rodel ist kein Ersatz für den Kinderwagen.
- Kinder bis drei Jahre nur mit Rückenlehne am Rodel.
- Kleinkinder ausreichend warm einpacken (Zwiebelprinzip).
- Kunststoffrodel erst ab fünf Jahren.
- Keine Schnüre an der Kleidung, da diese zum Hängenbleiben neigen.
- Einfache Rodeltouren und angepasste Geschwindigkeit.

Auf geprüfte Sicherheit (TÜV oder GS) achten. Eine Zertifizierung wie TÜV oder GS „Geprüfte Sicherheit" gibt Auskunft über die Produktsicherheit.
Gute Rodelbeispiele dafür sind:
- Stiga Skibob (ab ca. 5 Jahren)
- KHW Kunststoffrodel Snow Flipper de Luxe (ab ca. 4 Jahren)
- Hudora Klappschlitten Davos 100 cm (ab ca. 3 Jahren)
- Impag Holzschlitten Davos mit Lehne 105 – 125 cm (keine Altersangabe)

Tipps zum Rodelkauf

- Flexibles Grundgerüst aus Holz mit einem festen Lenkriemen und beweglichen Böcken, die die Kufen miteinander verbinden.
- In der Längsrichtung gebogene Kufen optimieren den Schwerpunkt der Rodel und verringern zudem erheblich den Drehwiderstand. Damit verfügt die Rodel über eine höhere Wendigkeit.
- Schräggestellte Kufen verringern den Reibungswiderstand, was die Spurführung erleichtert. Dadurch wird eine bessere Lenkbarkeit und kontrollierbares Bremsen ermöglicht und die Sicherheit erhöht.

Im Notfall: Sollte es doch einmal zu einem Unfall kommen.
- Unfallstelle sichern
- den Verletzen aus dem Gefahrenbereich schaffen, um vor herabkommenden Rodlern zu schützen
- Erste Hilfe leisten

Schau dir gerne alle Tipps in diesem kurzen Video nochmals an.

www.sicheresvorarlberg. at/ratgeberartikel/ sicheres-rodeln

Sicheres Schneeschuhwandern

Wer nicht gerne auf Skiern unterwegs, aber trotzdem bei frisch verschneiten Winterlandschaften sich gerne in den Bergen bewegt, für den ist Schneeschuhwandern vielleicht genau das Richtige!

Den Unterschied beim Schneeschuhwandern zu anderen Wanderungen machen die (Schnee) Schuhe aus. Mit der großen Auflagefläche versinkt man nicht so tief im Schnee, was das Laufen um einiges angenehmer macht.

Doch nicht zu vergessen: Auch Schneeschuhwandern ist ein Sport und will gelernt sein.

Ausrüstung: Um mit Schneeschuhen zu gehen, braucht es zuerst den passenden Schneeschuh mit der passenden Bindung. Dafür wendet man sich am besten an den Experten im Fachhandel. Ski- oder Wanderstöcke gehören ebenfalls mit dazu. Zu beachten gilt dabei, je größer der Teller, desto weniger versinken die Stöcke im Schnee.

Kleidung: Bei der Kleidung sollte man sich am Zwiebellook (mehrere Schichten übereinander) orientieren. Beim Hinaufgehen wird einem warm, man schwitzt vielleicht auch, beim Hinuntergehen ist die kalte Zugluft nicht zu unterschätzen. Mit vielen Schichten ist man da perfekt gerüstet. Stabile, knöchelhohe Schuhe sind die beste Wahl für eine Schneeschuhtour.

Für die Sicherheit: Ein LVS-Gerät ist Pflicht. Denn auch beim Schneeschuhwandern können Lawinen abgehen. Der Umgang mit dem LVS-Gerät muss gelernt sein! Weiters sollte auch ein Erste Hilfe Set im Rucksack Platz finden. Im Falle eines Falles solltest du einen Notruf absetzen können, darum sollte ein Handy immer dabei und griffbereit sein. (Nicht vergraben im Rucksack!)

Zusätzlich immer dabei: Was bei einer Tour nie fehlen darf, ist guter Proviant (Obst, Tee,…). Weiters sollte man sich vor Sonnenbränden schützen und immer eine Sonnencreme auftragen. Der Schnee reflektiert die Sonne, was auch bei niedrigen Temperaturen zu Sonnenbränden führt.

Wo kann man gehen?
Wir haben das Glück in Vorarlberg von fantastischen Bergen und somit auch wunderbaren Schneeschuhwanderwegen umgeben zu sein.

 www.sicheresvorarlberg. at/ratgeberartikel/ sicheres-schneeschuh- wandern/

© Foto: Dietmar Denger

Sicheres Biken auf Schnee ist für viele Neuland.

Winterbiken ist für die meisten unter uns ganz etwas Neues. Wegen Schneemangels ist oft kein Rodeln mehr möglich. Biken geht immer, fast immer. Hier ein paar Tipps für Sicherheit und Spaßgarantie auf deinem Winterbike.

Das E-MTB ist ein geniales Wintersportgerät, und Schneebiken eine Riesengaudi.Doch ein paar Dinge sind dabei zu beachten, damit Wintertouren auch richtig gut werden!

Biken auf Skipisten während der Betriebszeiten ist unerwünscht und teilweise verboten.

Beleuchtung: Im Winter wird es früh dunkel, deshalb gehört eine leistungsfähige, und vor allem aufgeladene Lampe auf jeden Fall dazu. Am Ende einer schönen Tour orientierungslos im finsteren, eiskalten Wald zu stehen ist kein Spaß, deshalb nie ohne Lampe!
Ob die nun am Helm montiert wird, oder etwa schon vom Hersteller vormontiert Teil des E-MTBs ist, macht nichts. Hauptsache der Akku ist voll geladen.

Bei Helmmontage ist darauf zu achten, dass bei sehr kalten Wintertagen die Leistung des exponierten Akkus schneller in die Knie geht als einem lieb ist. Deshalb empfiehlt sich bei Helmmontage über ein Verlängerungskabel den Akku im Rucksack zu platzieren (z.B. neben der Thermoskanne). Sollte kein Verlängerungskabel vorhanden sein, dann sind Ersatzakkus im Rucksack eine gute Idee.

Worauf achtest du im Winter bei der Tourenplanung?

Man muss bei der Tourenplanung die Schneeverhältnisse mit einbeziehen. 10 cm frisch geschneiter Pulverschnee bei einer gefrorenen Eis- oder Hartschneeunterlage sind Traumbedingungen. Ich nenne es Powderbiken. Bei Harsch und Weichschnee und nicht fester Grundlage fährt man am besten auf Naturrodelbahnen und nimmt dabei natürlich Rücksicht auf die Rodler!

Was ist beim Akku zu beachten?

Der Akku sollte vor der Tour auf Zimmer-Temperatur durchgewärmt sein. Den bei langen Touren sinnvollen Zweitakku wickelt man in eine isolierende Jacke, bevor man ihn in den Rucksack steckt, oder hat sowieso eine Thermoskanne im Rucksack.
Beim Fahren bleibt der Akku durch seine eigene Wärmeentwicklung beim Stromverbrauch auf Betriebstemperatur. Eine gesonderte Isolierung bringt so gut wie gar nichts, das Kunststoffgehäuse des Akkus ist Isolierung genug.

Wichtig ist, mit möglichst großer Unterstützung zu fahren, damit der Entnahmestrom für die Selbsterwärmung des Akkus groß genug ist. Wichtig bei Pausen in einer Hütte: Den Akku mit in die warme Stube nehmen.

Wie ist der Batterieverbrauch im Winter? Höher oder gleich?

Im Winter ist der Energiebedarf beim Biken, durch den teilweise extrem erhöhten Rollwiderstand des Schnees in Verbindung mit dem Reifenschlupf, annähernd doppelt so groß. Der Reifen dreht dabei ca. 30% schneller wie die Fahrgeschwindigkeit es normalerweise verlangen würde. Zusammengenommen ergibt sich auf den winterlichen Trails dann ein annähernd doppelter Batterieverbrauch. Bei sehr festem, harten Schnee ist bei zügiger Fahrweise mit einem warmen Akku allerdings kaum ein Unterschied zum Sommer feststellbar. Im Gegenteil, der Motor selber bleibt sehr kühl, was den Wirkungsgrad verbessert. Das sogenannte "De-Rating", die Herunterregelung der Motorleistung durch Überhitzung, kommt nicht vor.

Schütz dich vor Kälte

Erfrierungen passieren bei eisiger Kälte und schneidendem Wind auf exponierten Hautpartien schneller als man denkt. Sogenannte Coldcreams bilden eine schützende zweite Schicht über der Haut. Generell gilt aber, bei Minustemperaturen alle Hautpartien entsprechend zu schützen. Dabei hilft eine Skibrille, ein Skihelm (wärmer als Bikehelme) sowie ein Buff bzw. bei ganz extremer Kälte eine Gesichtsmaske.
Der Spaß beim Winterbiken steht und fällt mit der richtigen Bekleidung, die ist aber keine Hexerei. Klassische Skitourenbekleidung erfüllt die Anforderungen perfekt.

Mehrere Schichten halten dich warm.

Wie beim Wandern oder Skitourengehen arbeitet man auch beim Winterbiken nach dem Zwiebelprinzip. Dabei sind die Temperaturen natürlich im Frühjahr oder im Hochwinter höchst unterschiedlich, und es ist durchaus ein Unterschied, ob man im Hoch- oder Mittelgebirge unterwegs ist, oder in Kälteinseln im Tal. Diese Bandbreite deckt klassische Skitourenbekleidung, die erfahrungsgemäß gleichzeitig sehr atmungsaktiv, aber auch wärmend sein muss, sehr gut ab. Beim Uphill fährt man mit weniger Schichten und steuert über die Unterstützungsstufe den Grad der Transpiration. Bei sehr kaltem Wind kann noch eine isolierende Primaloft Isolationsjacke dazugenommen werden. Als unterste Schicht bietet sich Merino Unterwäsche an.

Wichtig ist, dass man auf jeden Fall vor der Abfahrt verschwitzte Teile der Ausrüstung wechselt. Durch den Abfahrtsfahrtwind beim Biken kühlt man ansonsten schnell aus, das Reaktionsvermögen wird schlechter. Cross Country Fahrer behelfen sich mit Heatpads, die an strategisch wichtigen Stellen permanent warmhalten und so ein Auskühlen effektiv vermeiden. An Knie und Ellbogen halten Protektoren sehr gut warm.

 Mehr Infos und Techniktipps unter: www.xitrail.com/post/tipps-zum-winterbiken

Sein Motto: „Entdecke Neuland"

Wer sich gerne in den Vorarlberger Bergen aufhält, ist sehr wahrscheinlich schon Alexander Sonderegger begegnet, denn dort ist er oft unterwegs: entweder zu Fuß, mit dem Mountainbike, auf Tourenski, mit einer Rodel im Schlepptau oder im Kletteroutfit. Ansonsten ganz sicher auf dem Internetportal „Tourenspuren", das Alexander Sonderegger seit 2007 betreibt, um für jeden Gusto zahlreiche Ideen und unvergessliche Erlebnisse am Berg vorzustellen.

Christoph Malin
Simplon Factory Team

1. Gulm Alpe

2. Fraxern

3. Dafins

4. Alpe Gsohl

5. Fluhereck

6. Bödele

7. Karren

8. Pfänder

9. Auf der Egg

10. Laterns

11. Dünser Älpele

12. Muttersberg

13. Schattenlagant

14. Bürserberg Löcher

15. Eggen Maisäß

16. Brazer Allmein

17. Dalaas Hetzel

18. Sonnenkopf

19. Lindauer Hütte

20. Latschau

21. Berggasthof Grabs

22. Hochjoch

23. Alpengasthof Rellseck

24. Garfrescha

25. Silvrettastausee

26. Oberlech

27. Neuhornbachhaus

28. Bergkristallhütte

29. Uga Express

30. Baumgartenalpe

31. Fegg

32. Alpengasthof Brüggele

33. Lustenauer Hütte

34. Alpstüble Moos

35. Escha / Pfingstatt

36. Gschwend

37. Krähenberg

38. Falkenhütte

39. Burgl Hütte

40. Am Holand

41. Hirschegg Wäldele

42. Saaser Fürkele

43. Stoss

44. Ruhsitz

45. Berggasthaus Sücka

46. Hoher Hirschberg

47. Pizol

48. Flumserberg

49. Kronberg

50. Damüls, Mellau

51. Bödele

52. Laterns Gapfohl

53. Brandnertal

54. Erlebnisberg Golm

55. Silvretta Montafon

56. Sonnenkopf Klostertal

57. Kristberg Silbertal

58. Diedamskopf

59. Schetteregg

60. Warth Schröcken

61. Lech Zürs am Arlberg

62. Gargellen

63. Familientipps

● Rodeltouren

● Skigebiete

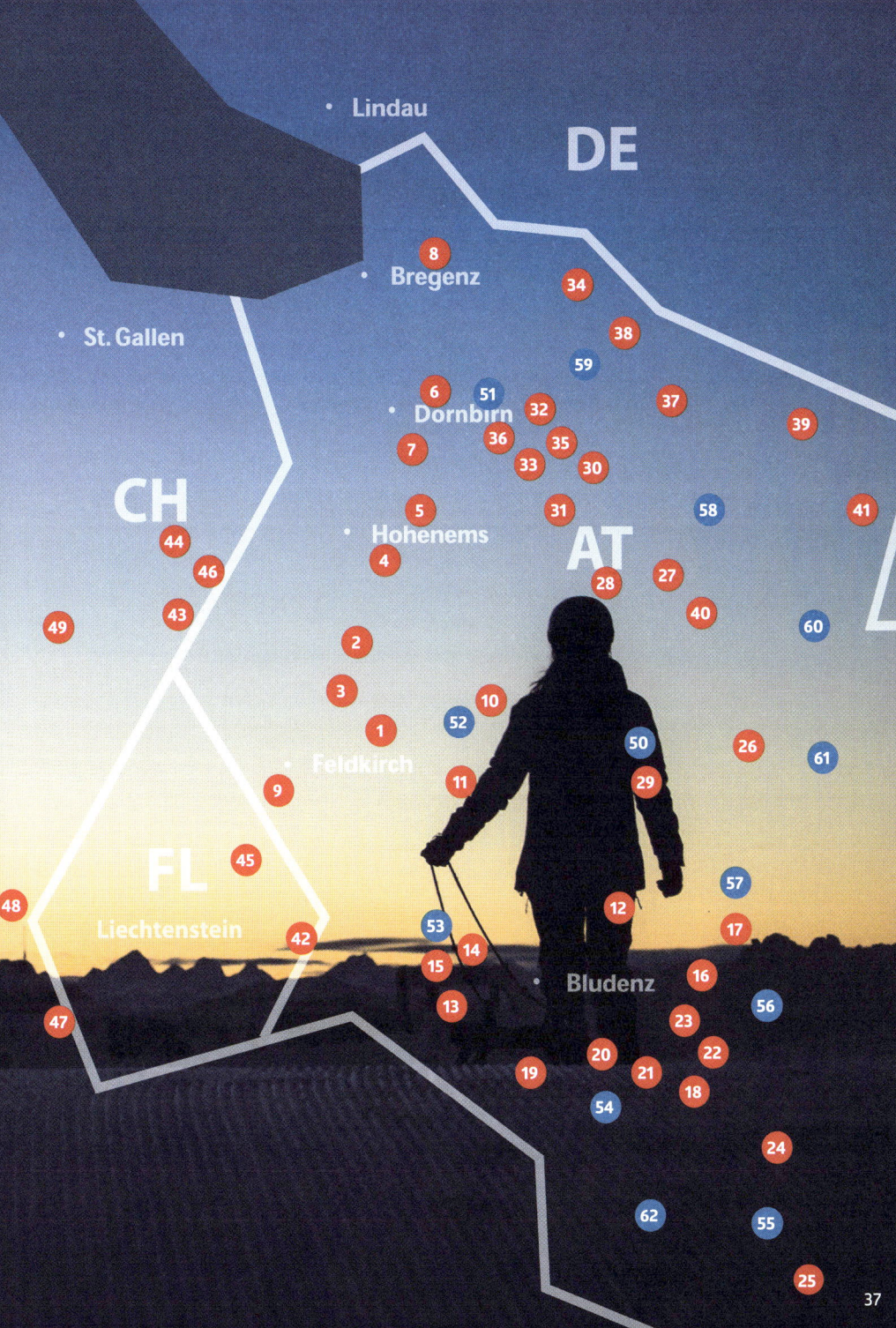

37

Übersicht	ℹ	👶 Kinder	❄ Wandern	🐾 Schneeschuh	🚲 Winterbike
Bodensee-Vorarlberg					
1. Gulm Alpe	40	★★★★★	★★★★★	★★★☆☆	★★☆☆☆
2. Fraxern	42	★★☆☆☆	★★★☆☆	★★★☆☆	☆☆☆☆☆
3. Dafins	44	★★★☆☆	★★★★☆	★★★☆☆	★☆☆☆☆
4. Alpe Gsohl	46	★★☆☆☆	★★★★☆	★★★☆☆	☆☆☆☆☆
5. Fluhereck	48	★★☆☆☆	★★★☆☆	★★☆☆☆	☆☆☆☆☆
6. Bödele	50	★★★★☆	★★★☆☆	★★★☆☆	★☆☆☆☆
7. Karren	52	★★★☆☆	★★★★☆	★★☆☆☆	★☆☆☆☆
8. Pfänder	54	★★★☆☆	★★★★☆	★★★☆☆	★★☆☆☆
9. Auf der Egg	56	★★★★★	★★★☆☆	★★★☆☆	★★☆☆☆
10. Laterns	58	★★★★☆	★★★☆☆	★★★★☆	★★★★☆
Brandnertal – Alpenstadt Bludenz – Klostertal – Großes Walsertal					
11. Dünser Älpele	60	★★★★☆	★★★☆☆	★★★☆☆	★★☆☆☆
12. Muttersberg	62	★★★★☆	★★★☆☆	★★★☆☆	★★☆☆☆
13. Schattenlagant	64	★★★★☆	★★★★☆	★★★★☆	★★★★★
14. Bürserberg Löcher	66	★★☆☆☆	☆☆☆☆☆	☆☆☆☆☆	☆☆☆☆☆
15. Eggen Maisäß	68	★★★★☆	☆☆☆☆☆	☆☆☆☆☆	☆☆☆☆☆
16. Brazer Allmein	70	★★★★★	★★★★☆	★★★☆☆	☆☆☆☆☆
17. Dalaas Hetzel	72	★★★★★	★★☆☆☆	★★☆☆☆	☆☆☆☆☆
18. Sonnenkopf	74	★★★★★	★★★★★	★★★★★	★☆☆☆☆
Montafon					
19. Lindauer Hütte	76	★★★☆☆	★★★★★	★★★★★	★★★★★
20. Latschau	78	★★★☆☆	★★★☆☆	★★★☆☆	★★★☆☆
21. Berggasthof Grabs	80	★★★☆☆	★★★☆☆	★★★☆☆	★★★★☆
22. Hochjoch	82	★★★★☆	★★★★☆	★★★★☆	★★☆☆☆
23. Alpengasthof Rellseck	84	★★★★☆	★★★★★	★★★★★	★★★☆☆
24. Garfrescha	86	★★★★☆	★★★★☆	★★★☆☆	★★☆☆☆
25. Silvrettastausee	88	★★★★☆	★★★☆☆	★★★☆☆	☆☆☆☆☆
Arlberg					
26. Oberlech	90	★★★★☆	★★★★★	★★★★★	☆☆☆☆☆
Bregenzerwald					
27. Neuhornbachhaus	92	★★★★☆	★★★★★	★★★★★	★☆☆☆☆
28. Bergkristallhütte	94	★★★★☆	★★★★★	★★★★☆	★★☆☆☆
29. Uga Express	96	★★★★★	★★★★★	★★★★★	★★★★★
30. Baumgartenalpe	98	★★★★☆	★★★★★	★★★★☆	★☆☆☆☆

Übersicht	i	⚐ Kinder	❄ Wandern	🐾 Schneeschuh	🚲 Winterbike
31. Fegg	100	★★★★☆	★★★★☆	★★★☆☆	★☆☆☆☆
32. Alpengasth. Brüggele	102	★★★★☆	★★★★★	★★★★★	★★☆☆☆
33. Lustenauer Hütte	104	★★★☆☆	★★★★★	★★★★★	★★☆☆☆
34. Alpstüble Moos	106	★★★☆☆	★★★★★	★★★★★	★☆☆☆☆
35. Escha / Pfingstatt	108	★★★☆☆	★★★★☆	★★★☆☆	☆☆☆☆☆
36. Gschwend	110	★★★☆☆	★★★★★	★★★☆☆	★☆☆☆☆
37. Krähenberg	112	★★★☆☆	★★★★★	★★★★★	★☆☆☆☆
38. Falkenhütte	114	★★★☆☆	★★★★★	★★★★★	★☆☆☆☆
39. Burgl Hütte	116	★★★★☆	★★★★☆	★★★★☆	★★☆☆☆
40. Am Holand	118	★★★★★	★★★★☆	★★★★☆	★★★☆☆

Kleinwalsertal

41. Hirschegg Wäldele	120	★★★★★	★★★★☆	★★★★☆	★★★☆☆

Liechtenstein und Ostschweiz

42. Saaser Fürkele	122	★★★★☆	★★★★★	★★★★★	★★☆☆☆
43. Stoss	124	★★★★☆	★★★★★	★★★★★	★★☆☆☆
44. Ruhsitz	126	★★★★☆	★★★★★	★★★★★	★★★☆☆
45. Berggasthaus Sücka	128	★★★★☆	★★★★☆	★★★☆☆	★★★☆☆
46. Hoher Hirschberg	130	★★★★☆	★★★★★	★★★★★	★★★☆☆
47. Pizol	132	★★★★☆	★★★★★	★★★★★	★★☆☆☆
48. Flumserberg	134	★★★★☆	★★★★★	★★★★★	★★☆☆☆
49. Kronberg	136	★★★☆☆	★★★★★	★★★★☆	★★☆☆☆

Skigebiete

50. Damüls, Mellau	138	★★★★★	★★★★★	★★★★★	★★★★☆
51. Bödele	140	★★★★★	★★★★★	★★★★☆	★★☆☆☆
52. Laterns Gapfohl	142	★★★★☆	★★★★★	★★★★★	★★★☆☆
53. Brandnertal	144	★★★★★	★★★★★	★★★★★	☆☆☆☆☆
54. Erlebnisberg Golm	146	★★★★☆	★★★★☆	★★★★☆	★★☆☆☆
55. Silvretta Montafon	148	★★★☆☆	★★★★☆	★★★★★	★☆☆☆☆
56. Sonnenkopf	150	★★★★☆	★★★★★	★★★★★	★☆☆☆☆
57. Kristberg Silbertal	152	★★★★☆	★★★★★	★★★★★	★☆☆☆☆
58. Diedamskopf	154	★★★★☆	★★★★★	★★★★☆	★☆☆☆☆
59. Schetteregg	156	★★★★★	★★★★★	★★★★☆	★☆☆☆☆
60. Warth Schröcken	158	★★★☆☆	★★★★★	★★★★★	☆☆☆☆☆
61. Lech Zürs am Arlberg	160	★★★★☆	★★★★★	★★★★★	☆☆☆☆☆
62. Gargellen	162	★★★★☆	★★★★★	★★★★☆	☆☆☆☆☆
63. Familientipps	164	★★★★★	★★★☆☆	★★☆☆☆	☆☆☆☆☆

1. Gulm Alpe

🌐 Ort	Übersaxen	❤ Erlebnis	★ ★ ★ ☆ ☆
⚏ Start	Parkplatz Tufnerbach	🔭 Landschaft	★ ★ ★ ☆ ☆
📍 Ziel	Gulm Alpe	👍 Kondition	★ ★ ☆ ☆ ☆
🔭 Niveau	leicht	❄ Winterwandern	★ ★ ★ ★ ★
🕐 Gesamtzeit	1.5 Std.	🐾 Schneeschuhe	★ ★ ★ ☆ ☆
→ Distanz	4.8 km	🚲 Winterbiken	★ ★ ☆ ☆ ☆
📍 Höchster Punkt	1.250 m	🧍 Kindertauglich	★ ★ ★ ★ ★
⛰ Aufstieg, Abfahrt	⬆ 250 Hm ⬇ 250 Hm	📈 Steigung im Ø	mittelsteil 10%
🗓 Jahreszeit	Jänner – März	🍴 Einkehr	Gasthaus Krone Übersaxen
◎ Exposition	West	📱 Telefon	+43 5522 41 985
ℹ Strecke	Teerstraße gesperrt	e Internet	www.uebersaxen.at

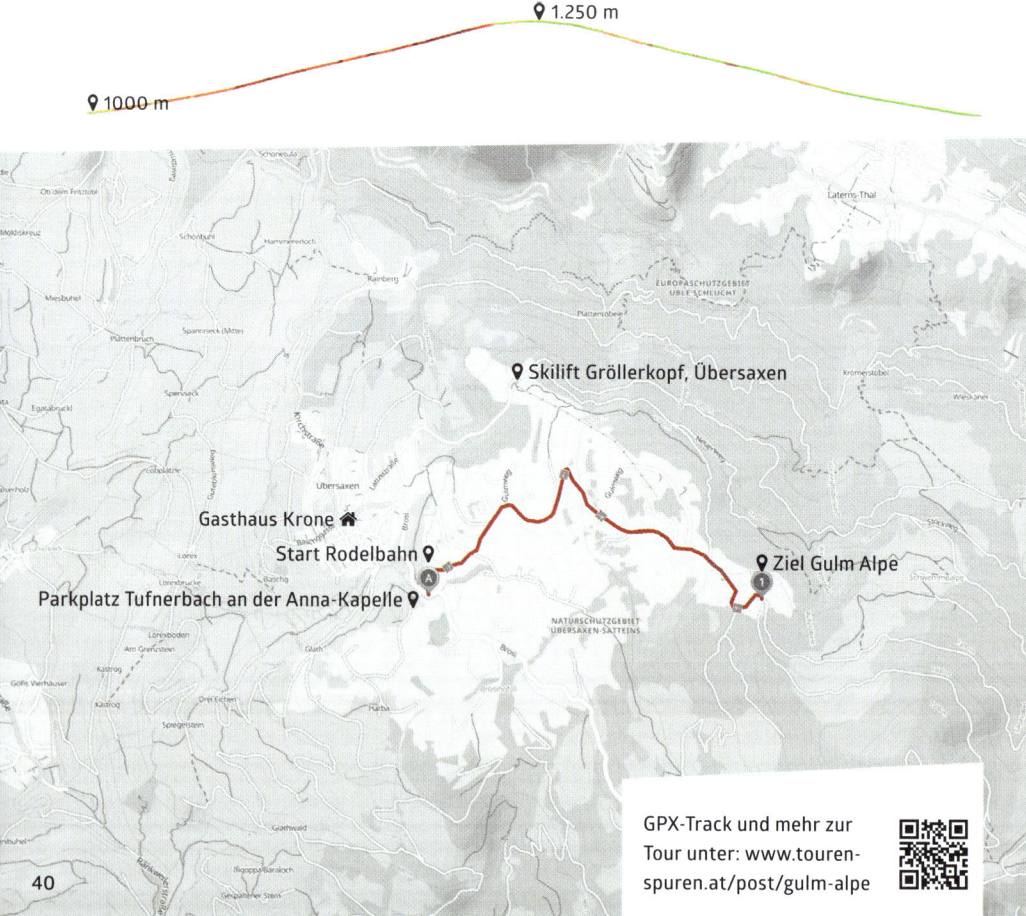

GPX-Track und mehr zur
Tour unter: www.touren-
spuren.at/post/gulm-alpe

Start: Parkplatz Tufner-bach an der Anna-Kapelle Übersaxen

Dieser sanfte Rodelklassiker am Gulmweg führt dich durch das schöne Naturschutzgebiet Über-saxen-Satteins. Die Strecke von und zur Gulm Alpe ist nirgends wirklich steil. Auf den langen Geraden und in den langgezogenen Kurven kann man aber, wenn die Piste glatt ist, richtig Tempo machen. Nachdem die Strecke zu beiden Seiten meist von flachen Wiesenhängen begleitet wird, ist die „Tempobolzerei" auch relativ ungefährlich. Keine Frage: Das Rodeln macht hier richtig Spaß – aber leider nicht sehr lang, denn die Strecke ist recht kurz. Sehr schön sind die Ausblicke zu den Schweizer Bergen und dem Rätikon bis hin zur Zimba. Insgesamt eine überaus schöne Dorfrodelstrecke, auf der besonders auch Eltern mit Kindern Spaß haben werden. Eine längere Anreise wird sich aber aufgrund der Kürze nicht lohnen. Da die Rodelstrecke an einem Sonnen-hang liegt, hält der Schnee nicht allzu lange. Infos zur Strecke gibt's unter T. +43 5522 41 311.

Streckenbeschreibung: Auf der Hauptstraße an der kleinen Anna-Kapelle wenige Meter aufwärts und gleich links bis zur Übersaxner Gulm Alpe. Die ersten Meter ist der Weg noch geräumt. Kurz nach einem Transformatorenhäuschen beginnt die Rodelstrecke, eine für den öffentli-chen Verkehr gesperrte, präparierte Straße. Die Rodelstrecke endet beim Kreuz, wenige Meter oberhalb der Gulm Alpe.

2. Fraxern

Ort	Fraxern	Erlebnis	★ ★ ★ ☆ ☆		
Start	Fußball- / Sportplatz	Landschaft	★ ★ ★ ☆ ☆		
Ziel	Maiensäß	Kondition	★ ★ ☆ ☆ ☆		
Niveau	leicht - mittel	Winterwandern	★ ★ ★ ☆ ☆		
Gesamtzeit	2 Std.	Schneeschuhe	★ ★ ★ ☆ ☆		
Distanz	5.4 km	Winterbiken	☆ ☆ ☆ ☆ ☆		
Höchster Punkt	1.360 m	Kindertauglich	★ ★ ☆ ☆ ☆		
Auf- / Abfahrt	⬆ 350 Hm ⬇ 350 Hm	Steigung im Ø	mittelsteil 13%		
Jahreszeit	Dezember – März	Einkehr	Jausenstation Kapieters		
Exposition	West		Direkt beim Parkplatz. Di. bis Fr. ab 14 Uhr		
Strecke	Forststraße (anfangs Teer)		Sa. / So. und Feiertags ab 9:30 Uhr		

📍 1.360 m

📍 1010 m

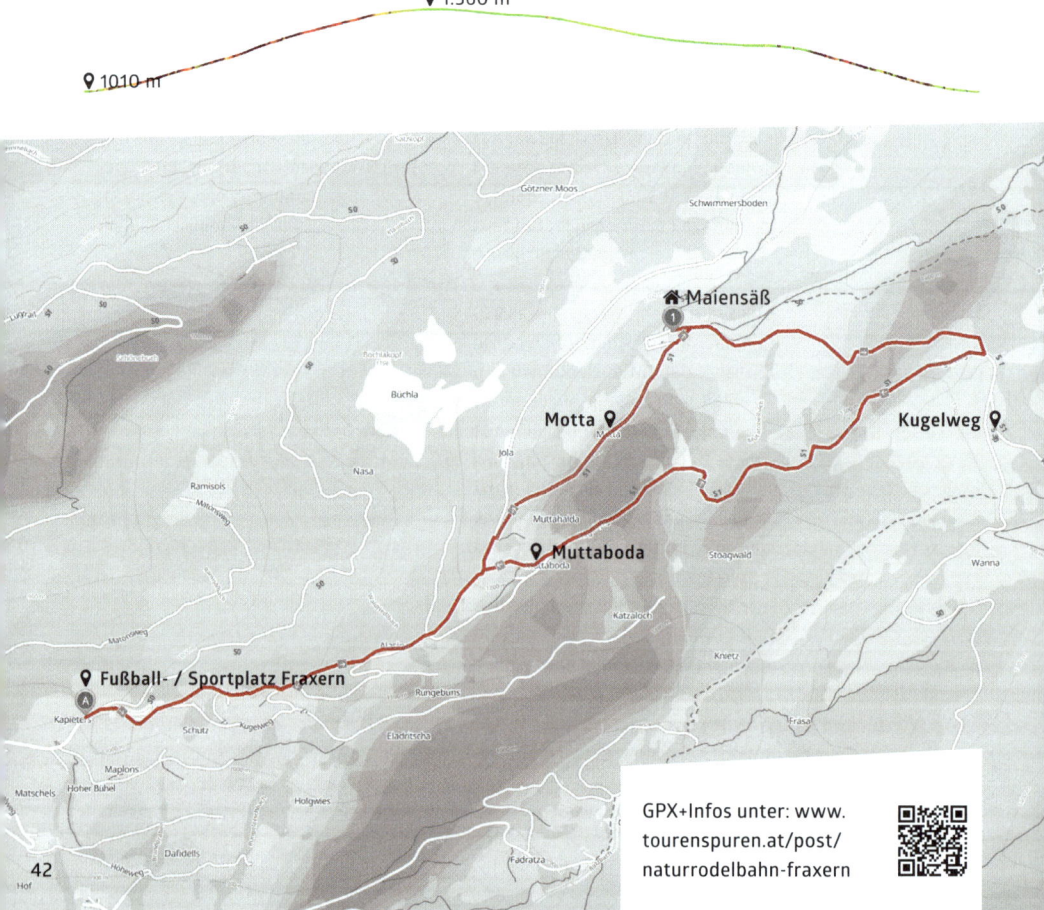

GPX+Infos unter: www.
tourenspuren.at/post/
naturrodelbahn-fraxern

Start: Parkplatz Sportplatz / Fußballplatz
Fraxern

© Foto: Alexander Sonderegger

Nicht präparierte sehr schön gelegene Naturrodelbahn mitten im Vorderland. Die Rodelbahn
ist oft relativ buckelig und holprig, dafür umso
spaßiger und romantischer.
Der Ausgangsort befindet sich in Fraxern beim
Sportplatz / Fußballplatz auf 1010 Höhenmeter.
Rasch und unkompliziert gelangst du zum Startpunkt. In Fraxern fährst du durch den Ort, dann
links etwas steiler aufwärts zum beschilderten
Sportplatz / Fußballplatz. Unmittelbar oberhalb
des Sportplatzes ist ausreichend Platz für ca. 70
Autos.

Mit dem Landbus Nummer 62 gelangst du easy
direkt zum Sportplatz. Leider fährt der Bus nicht
oft. Unter der Nummer +43 676 70 999 70 kannst

du eine Stunde vor der gewünschten Abfahrt den
sogenannten „Rufbus" telefonisch bestellen.

Streckenbeschreibung: Vom Parkplatz folgst du
dem Weg bergauf bis Muttaboda (1.3 km) wo die
meisten die Rodeltour starten. Alternativ kannst
du auch weiter bis zum Maiensäß (2.2 km) und
von dort starten. Dort sind jedoch 2 steilere
Abschnitte, die für kleine Kinder weniger geeignet sind.

Tipp: Wanderung / Schneeschuhtour Hohe Kugel
(www.tourenspuren.at/post/fraxern-maisäß).

3. Dafins

🌐 Ort	Dafins	❤ Erlebnis	★ ★ ★ ☆ ☆
⚓ Start	Dafins Morsch Birket	🔭 Landschaft	★ ★ ★ ☆ ☆
📍 Ziel	Alpwegkopfhaus	👍 Kondition	★ ★ ★ ☆ ☆
🕐 Niveau	mittel	❄ Winterwandern	★ ★ ★ ★ ☆
🕐 Gesamtzeit	2.5 Std.	🐾 Schneeschuhe	★ ★ ★ ☆ ☆
→ Distanz	8.4 km	🚲 Winterbiken	★ ☆ ☆ ☆ ☆
📍 Höchster Punkt	1.470 m	🧍 Kindertauglich	★ ★ ★ ☆ ☆
🏔 Auf- / Abfahrt	⬆ 470 Hm ⬇ 470 Hm	📈 Steigung im Ø	mittelsteil 12%
📅 Jahreszeit	Dezember – März	🍴 Einkehr	Freihof
⊚ Exposition	West	📱 Telefon	+43 5522 45 808
ⓘ Strecke	Forststraße (anfangs Teer)	ⅇ Internet	www.freihofsulz.at

📍 1.470 m

📍 1000 m

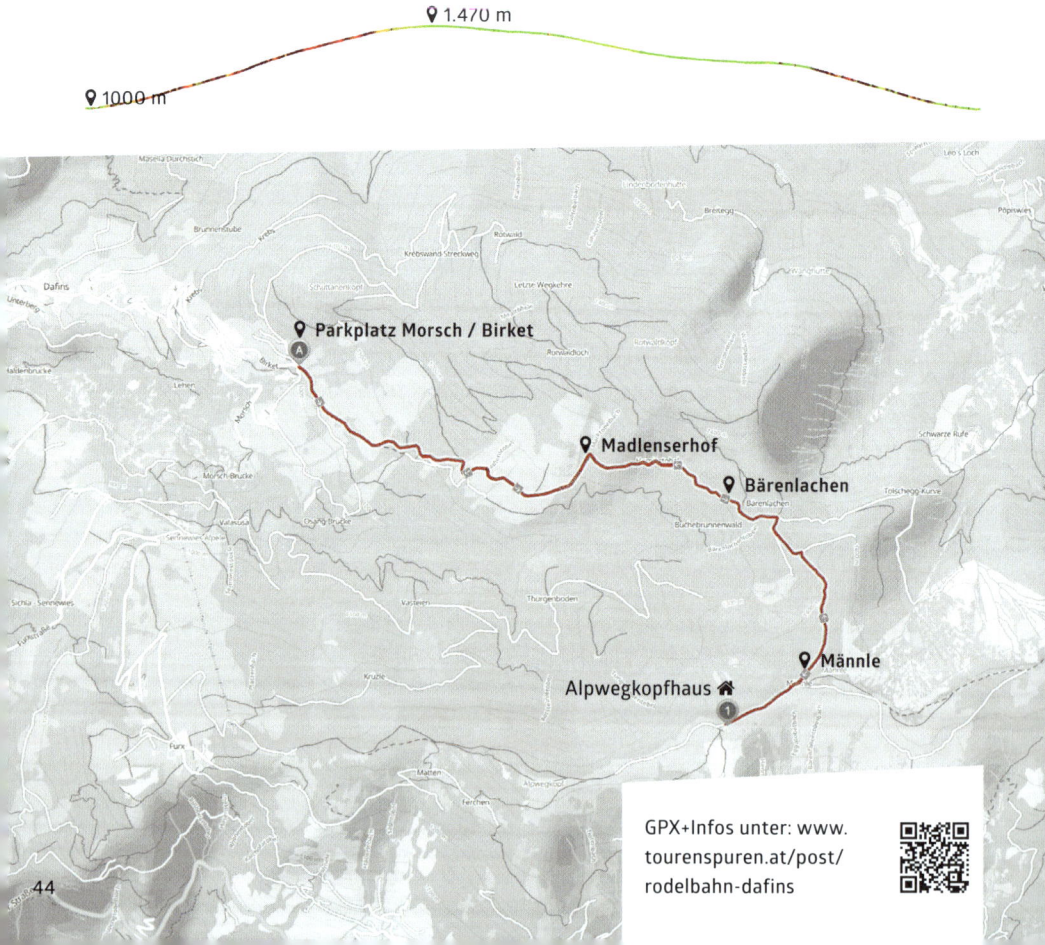

GPX+Infos unter: www.
tourenspuren.at/post/
rodelbahn-dafins

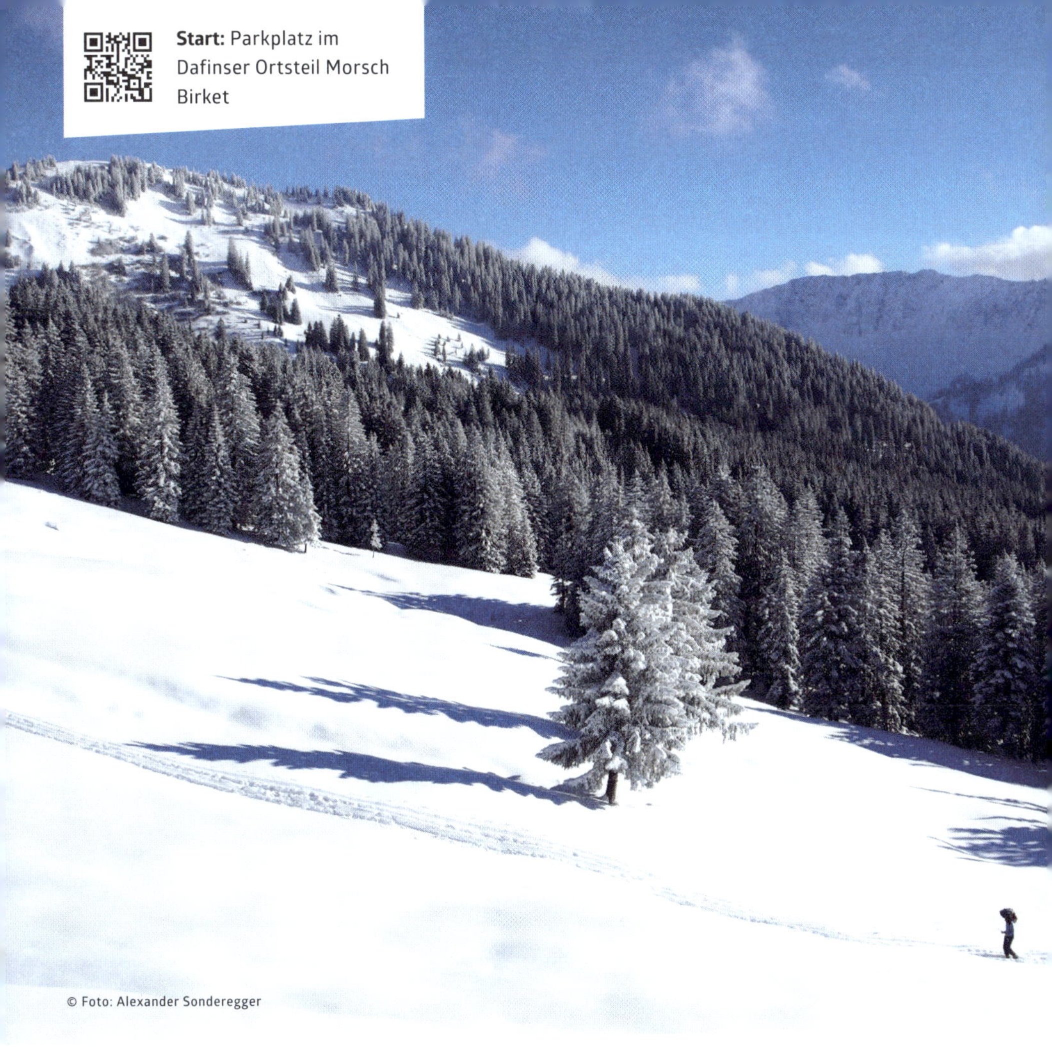

Start: Parkplatz im Dafinser Ortsteil Morsch Birket

© Foto: Alexander Sonderegger

Die Rodelbahn in Dafins in der Gemeinde Zwischenwasser ist gemütlich und, je nachdem von wo man die Abfahrt startet, auch für Kinder gut zu schaffen. In etwa 20 Minuten ist man bei der Alpe Madlens angekommen, gut geeignet als Ziel mit Kindern. Der Aufstieg auf der Forststraße verläuft eher sanft, teils durch kurze Waldabschnitte, teils sehr sonnig mit schönen Blicken ins Rheintal und auf den Hohen Kasten. Im Madlenserhof, nur wenige Meter oberhalb, gibt es gegebenenfalls auch eine kleine Schenke für eine Jause. Man kann den Weg ab der Alpe Madlens aber auch noch verlängern, falls der Schnee z.B. durch Tourengeher zum Rodeln glatt getreten und eben genug ist, denn präpariert wird nicht.

Streckenbeschreibung: Die Strecke ist keine „offizielle" Rodelbahn. Eine Stunde braucht man insgesamt vom Ausgangspunkt Birket bis Bärenlachen, gut eineinhalb Stunden bis zum Alpwegkopfhaus im Gemeindegebiet von Laterns. Ab Bärenlachen bis zum Alpwegkopfhaus ist der Weg allerdings schmal und steil zum Rodeln, der Aufstieg ist, je nach Verhältnissen, eher etwas für Tourengeher oder Schneeschuhwanderer.

Tipp: Wanderung / Schneeschuhtour Nob (www.tourenspuren.at/post/nob-1785-m).

4. Alpe Gsohl

🌐	Ort	Hohenems		♥	Erlebnis	★	★	★	☆ ☆
‡	Start	Hohenems Ledi (470 Hm)		🔭	Landschaft	★	★	★	☆ ☆
📍	Ziel	Alpe Gsohl (980 Hm)		👍	Kondition	★	★	★	☆ ☆
🕐	Niveau	mittel		❄	Winterwandern	★	★	★	★ ☆
🕐	Gesamtzeit	2.5 Std.		🐾	Schneeschuhe	★	★	★	☆ ☆
→	Distanz	5.4 km		🚵	Winterbiken	☆	☆	☆	☆ ☆
📍	Höchster Punkt	980 m		🧍	Kindertauglich	★	★	☆	☆ ☆
⛰	Auf- / Abfahrt	⬆ 510 Hm ⬇ 510 Hm		📈	Steigung im Ø	mittelsteil 19%			
📅	Jahreszeit	Dezember – März		🍴	Einkehr	Alpe Gsohl			
⊘	Exposition	Nord		📱	Telefon	+43 664 392 602 7			
ℹ	Strecke	Forststraße		🄴	Internet	tinyurl.com/8jnkjd82			

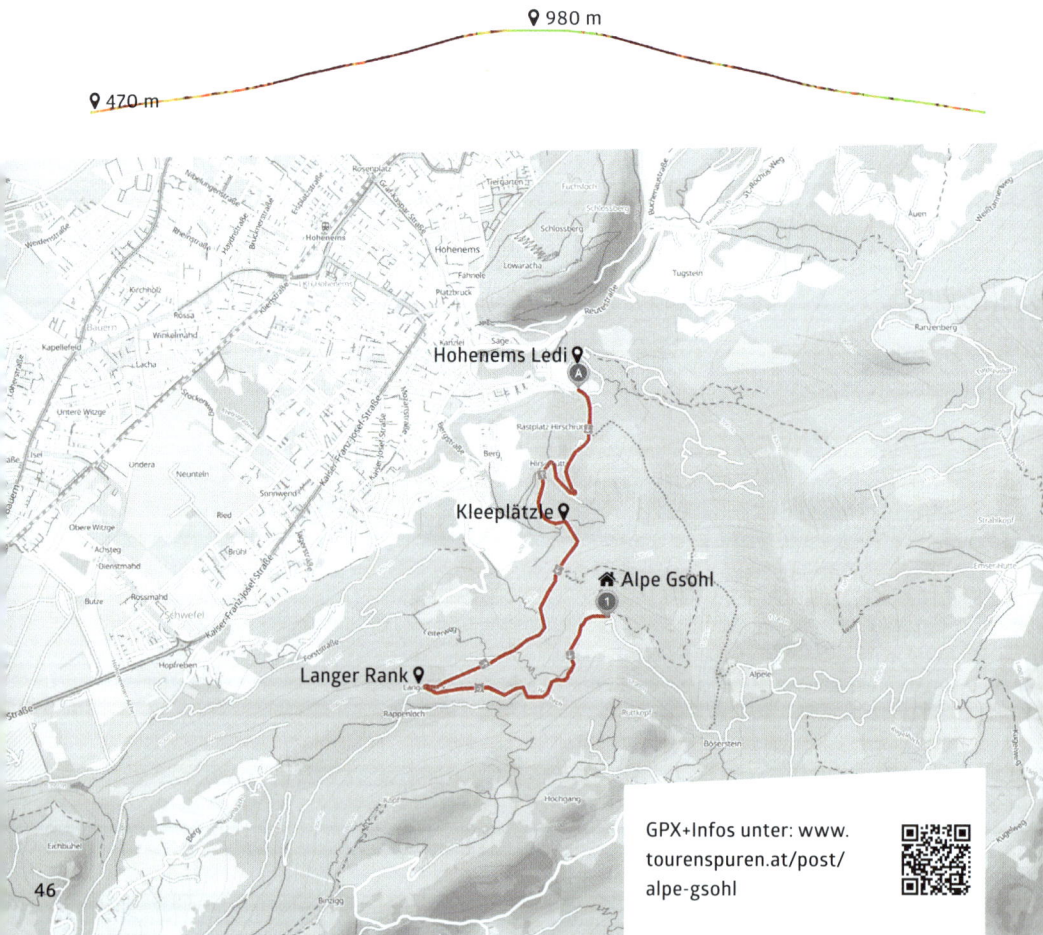

GPX+Infos unter: www.
tourenspuren.at/post/
alpe-gsohl

Start: Parken am Finster-
nau Bach bei Hohenems
Ledi

Im Sommer mit dem Bike oder zu Fuß, im Winter mit der Rodel: Das Gsohl ist bei den Outdoorsportlern in der weiteren Umgebung von Hohenems omnipräsent. Die Rodelstrecke ist für erfahrene Rodler erstklassig. In Kombination mit einem Einkehrschwung in der Alpe Gsohl rechtfertigt sie auch eine längere Anreise. Die Strecke kann in drei Abschnitte eingeteilt werden. Der erste führt von Ledi bis zum sogenannten Kleeplätzle, bei einer ausgeprägten Rechtskurve gelegen, ist mäßig steil und spricht auch Familien mit Kindern an. Sie machen hier meist kehrt und rodeln talwärts. Danach beginnt ein richtig steiler Abschnitt, der für kleinere Kinder nicht mehr geeignet ist – vielleicht noch nach Neuschnee-

fällen, wenn man überall leicht bremsen kann. Das letzte Wegdrittel (120 Höhenmeter) ab dem „Langen Rank" nimmt man als Rodler eigentlich nur auf sich, weil am Ende ein Gasthaus wartet. Zum Rodeln gibt es auf diesem letzten Abschnitt nicht besonders viel. Da die Strecke regelmäßig gebahnt wird, kann man am Gsohl meist schon früh im Jahr rodeln.

Streckenbeschreibung: Von der „Ledi" auf dem Güterweg aufwärts. Es gibt nur eine Weggabelung, ganz am Anfang, bei der Brücke. Rechts führt der Weg in einer flachen Kurve und man hat dann einen sehr kurzen Steilanstieg zu bewältigen. Ab dem Langen Rank nur noch geringe Steigung.

5. Fluhereck

🌐	Ort	Hohenems	♥	Erlebnis	★ ★ ★ ★ ☆
⚑	Start	Hohenems / Ledi (470 Hm)	🔭	Landschaft	★ ★ ★ ☆ ☆
📍	Ziel	Emser Hütte (1.311 Hm)	👍	Kondition	★ ★ ★ ★ ☆
🕐	Niveau	schwer	❄	Winterwandern	★ ★ ★ ☆ ☆
🕐	Gesamtzeit	3 Std.	🐾	Schneeschuhe	★ ★ ☆ ☆ ☆
→	Distanz	11.3 km	🚲	Winterbiken	☆ ☆ ☆ ☆ ☆
📍	Höchster Punkt	1.310 m	👤	Kindertauglich	★ ★ ☆ ☆ ☆
🏔	Auf- / Abfahrt	⬆ 840 Hm ⬇ 840 Hm	📈	Steigung im Ø	mittelsteil 15%
📅	Jahreszeit	Dezember – März	🍴	Einkehr	Alpe Gsohl
⊙	Exposition	West	📱	Telefon	+43 664 392 602 7
ℹ	Strecke	Forststraße	e	Internet	tinyurl.com/8jnkjd82

📍 1.310 m

📍 470 m

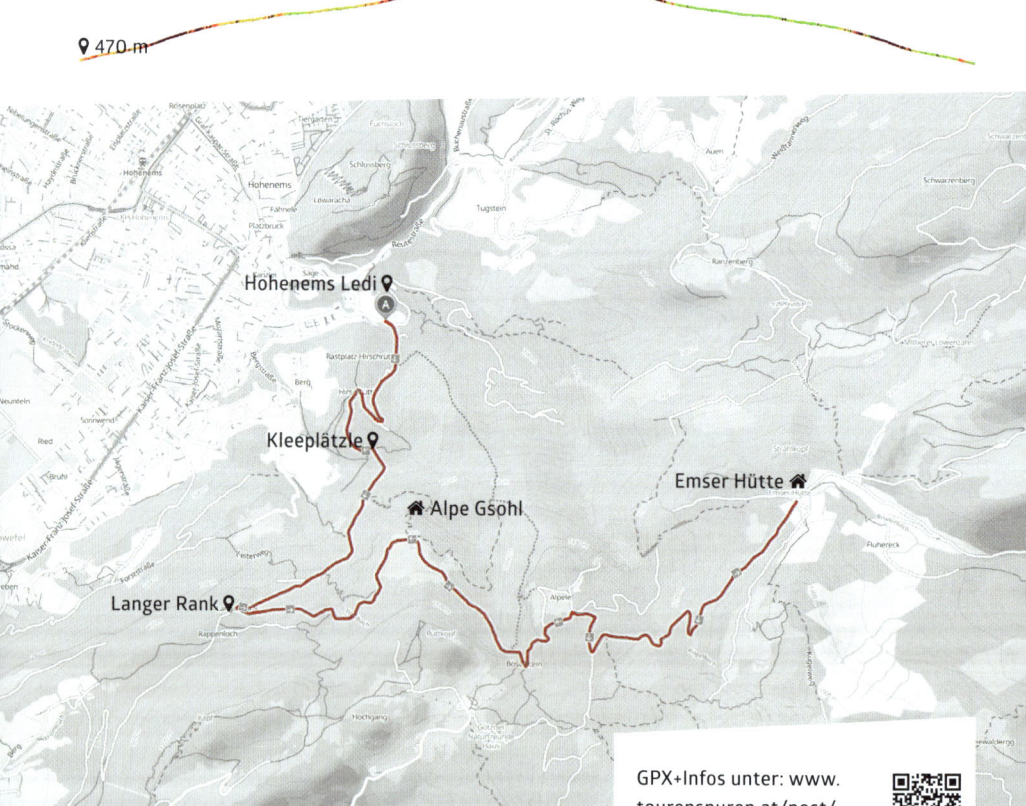

GPX+Infos unter: www.
tourenspuren.at/post/
fluhereck

© Foto: Alexander Sonderegger

Die Tour ist eine Ergänzung zur Rodelstrecke „Gsohl". Während das „Gsohl" bei guten Bedingungen eine wahre Rodelpilgerstrecke ist, machen nur wenige die gesamte Tour bis zur Emser Hütte / Fluhereck. Das liegt zum einen wohl ganz einfach daran, dass den meisten der Aufstieg zu lang ist und sie schon bei der Gsohl Alpe „schwach werden", zum anderen aber wahrscheinlich auch daran, dass die Strecke vom „Gsohl" zum Fluhereck nur bei guten Bedingungen richtig Spaß macht. Auf jener Etappe wechseln sich rassige Steilabschnitte und längere flache Abschnitte ab. Der Weg wird zwar regelmäßig für Wanderer gespurt, wenn der Schnee aber noch zu weich ist, muss man die Rodel doch immer wieder ein wenig ziehen. Wenn die Bedingungen ideal sind, dann ist dies eine Rodeltour vom Allerfeinsten. Einladende Berggasthäuser sind sowohl am Startpunkt (Emser Hütte) als auch entlang der Abfahrt (Alpe Gsohl) zu finden.

Streckenbeschreibung: Wie bei der Tour Alpe Gsohl auf S.29 An der Alpe Gsohl vorbei aufwärts Richtung Fluhereck und am höchsten Punkt ein paar Meter abwärts zur Emser Hütte.

Wenn du nicht die gesamte Strecke hochlaufen willst, fährst du mit dem Zug nach Dornbirn, von dort per Bus ins Ebnit und wanderst ab Ebnit (1080 m) in etwa einer Stunde zum Fluhereck.

6. Bödele

🌐	Ort	Dornbirn	❤	Erlebnis	★ ★ ★ ☆ ☆
⚓	Start	Rickatschwende	🔭	Landschaft	★ ★ ★ ☆ ☆
📍	Ziel	Bödele Berghof Fetz	👍	Kondition	★ ★ ☆ ☆ ☆
🕑	Niveau	mittel	❄	Winterwandern	★ ★ ★ ☆ ☆
🕐	Gesamtzeit	1 Std.	🐾	Schneeschuhe	★ ★ ★ ☆ ☆
→	Distanz	4.8 km	🚲	Winterbiken	★ ☆ ☆ ☆ ☆
📍	Höchster Punkt	1.130 m	🚶	Kindertauglich	★ ★ ★ ★ ☆
🗻	Auf- / Abfahrt	⬆ 220 Hm ⬇ 220 Hm	📈	Steigung im Ø	mittelsteil 9%
📅	Jahreszeit	Jänner – März	🍴	Einkehr	Berghof Fetz
🧭	Exposition	West	☎	Telefon	+43 5572 77400
ℹ	Strecke	Forststraße	𝑒	Internet	www.berghoffetz.at

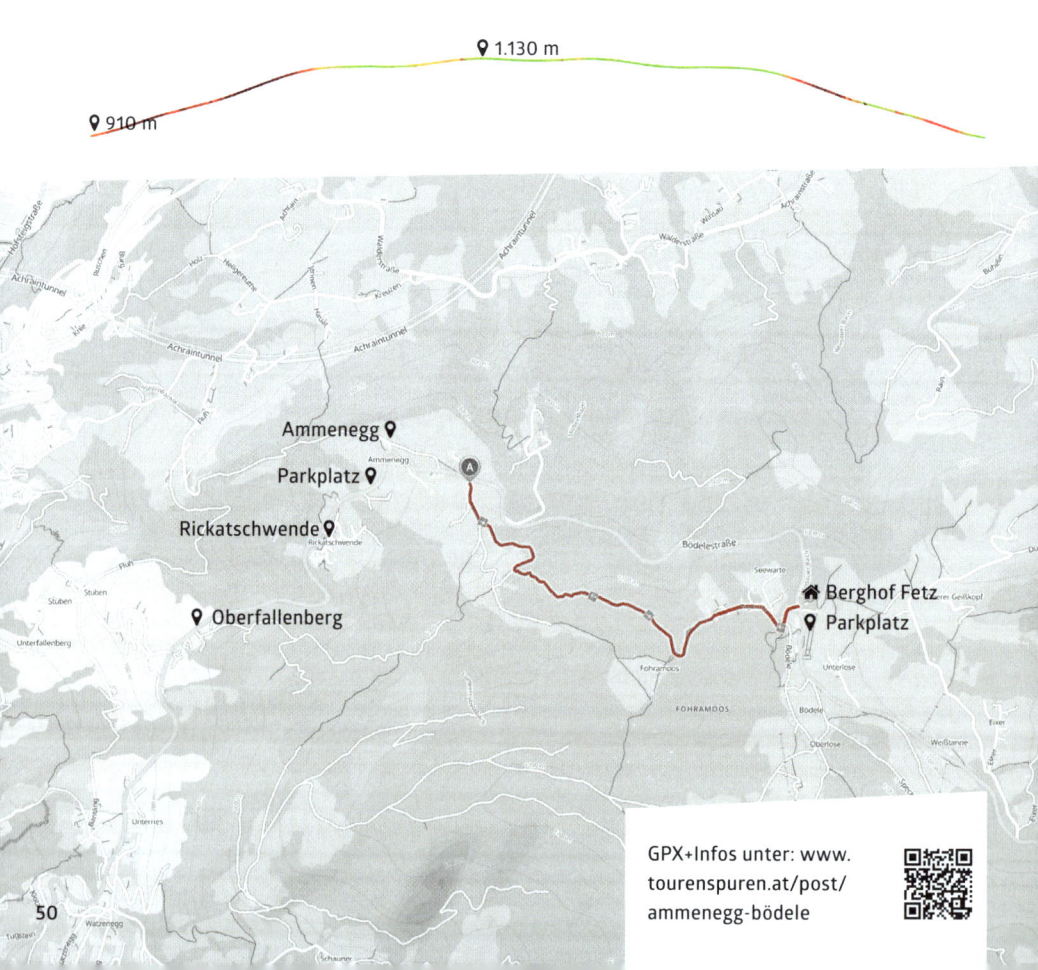

GPX+Infos unter: www.
tourenspuren.at/post/
ammenegg-bödele

Start: Parkplatz Langwies nach Rickatschwende

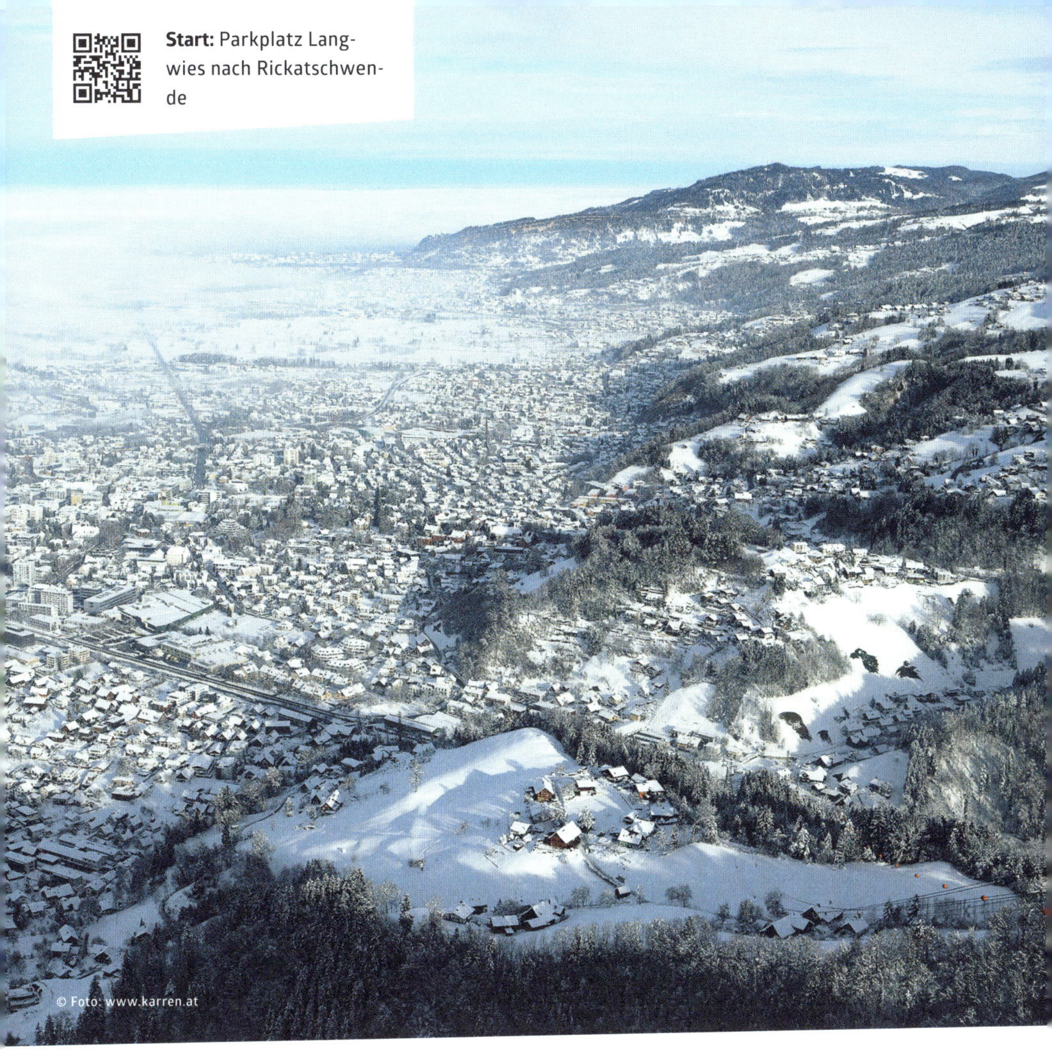
© Foto: www.karren.at

Auf dem Weg ans Bödele findet man eine kurze, aber sehr interessante Rodelbahn. Wenn der Untergrund hart ist, geht es auf dieser Bahn mit schwierigen Kurven und kurzen steilen Abschnitten ordentlich zur Sache. Und es ist, da die Bahn nicht präpariert und von Fußgängern viel begangen wird, oft hart, wenn nicht gar eisig, und oft auch sehr holprig. Hier haben auch erfahrene Rodler ihren Spaß.

Streckenbeschreibung: Der Aufstieg startet an der Bödelestraße bei Ammenegg. Die Parkplatzsituation ist etwas ungünstig. Man lässt das Auto am besten in Rickatschwende stehen und geht auf der Straße 600 m aufwärts zum Einstieg bei der Weggabelung „Im Ampfer" (925 Hm). Der Weg führt in einem Hohlweg durch den Wald hinauf zum höchsten Punkt. Rodlerisch ist dort Ende. Für einen Abstecher ans Bödele benötigt man noch etwa 15 Minuten. Zu rodeln gibt es auf dem weiteren Weg ans Bödele fast nichts mehr. Die Strecke dorthin ist, abgesehen von einer kurzen Zwischenabfahrt, mehr oder weniger flach.

Wenn du nicht gerne wanderst, kannst du auf dem Bödele starten und am Ende der Abfahrt mit dem Bus zum Startpunkt zurückkehren.

Verlängerungstipp: Abfahrt bis nach Oberfallenberg oder Sportrodelbahn in Ammenegg.

7. Karren

🌐	Ort	Dornbirn		♥	Erlebnis	★	★	★	★ ☆
⚓	Start	Talstation Karrenseilbahn		🔭	Landschaft	★	★	★	☆ ☆
📍	Ziel	Bergstation Karrenbahn		👍	Kondition	★	★	★	☆ ☆
🏁	Niveau	mittel - schwer		❄	Winterwandern	★	★	★	★ ☆
🕐	Gesamtzeit	2.5 Std.		🐾	Schneeschuhe	★	★	☆	☆ ☆
→	Distanz	4.6 km		🚲	Winterbiken	★	☆	☆	☆ ☆
📍	Höchster Punkt	930 m		🧍	Kindertauglich	★	★	★	☆ ☆
🏔	Auf- / Abfahrt	⬆ 470 Hm ⬇ 470 Hm		📈	Steigung im Ø	steil 20%			
📅	Jahreszeit	Jänner – März		🍴	Einkehr	Panoramarestaurant			
⊘	Exposition	Nord / Ost		☎	Telefon	+43 5572 54711			
ℹ	Strecke	Forststraße		🌐	Internet	www.karren.at			

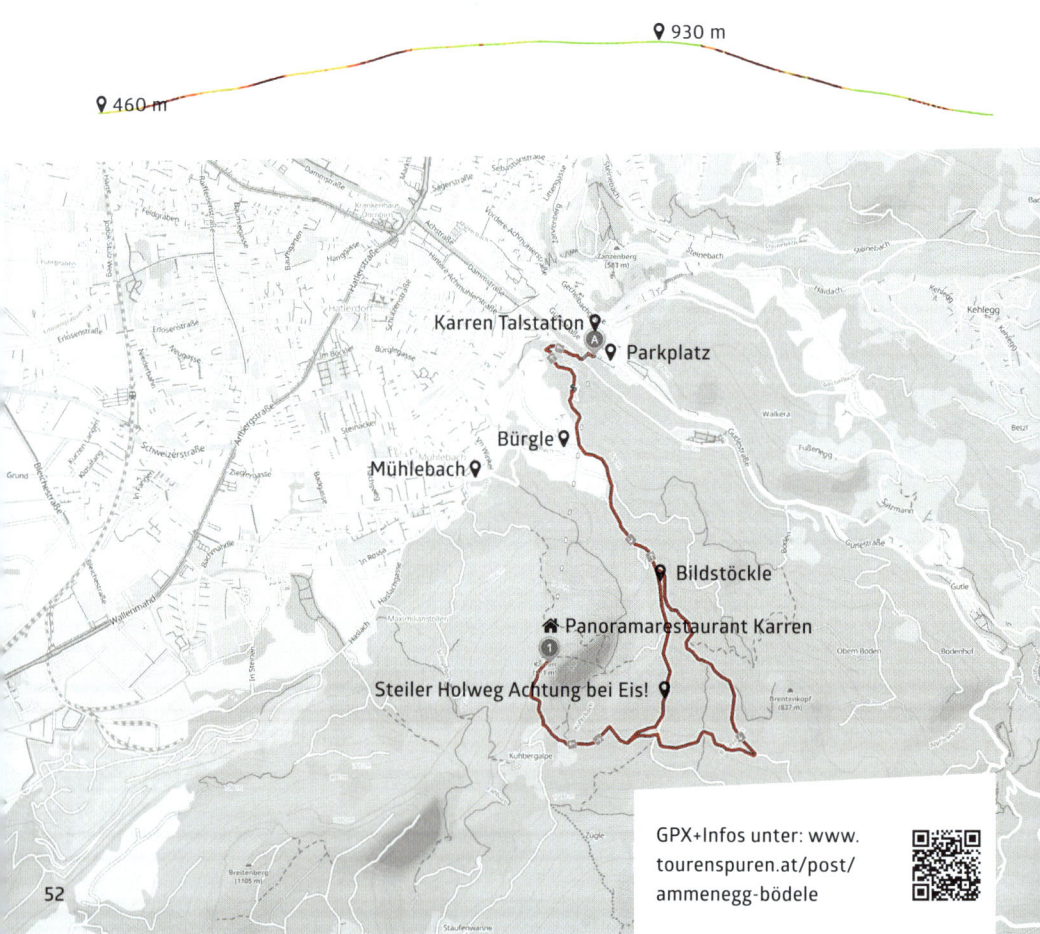

📍 930 m

📍 460 m

GPX+Infos unter: www.
tourenspuren.at/post/
ammenegg-bödele

Der Hausberg von Dornbirn ist im Winter wie auch im Sommer sehr beliebt und gut frequentiert. Die Gründe dafür sind einleuchtend. Eine super Rodelbahn direkt am Stadtrand mit einer modernen Gondelbahn und vielen Parkplätzen, und oben an der Bergstation ein feines Restaurant mit genialen Weitblicken auf den Hohen Kasten und die Kreuzberege in der benachbarten Schweiz und über das gesamte Rheintal bis weit über den Bodensee hinaus. Bei guter Schneesituation ist hier das Rodeln sehr beliebt. Das Ziel am Panoramarestaurant ist sehr gut beschildert und kann nicht verfehlt werden.

Streckenbeschreibung: Du startest direkt bei der Talstation der Karrenseilbahn. Hinter der Station führt der Weg über die Dornbirner Ache und dann schon gleich relativ steil über einige Treppen bergauf. Kurz nach dem halben Weg (Bildstöckle 710 Hm) hältst du dich links, denn rechts ist es zu steil und hier kommen dir sehr zügig die Rodler entgegen. Wenn dieser Hohlweg vereist sein sollte, kannst du sicherheitshalber auch schon hier am Bildstöckle starten. Weiter oben, noch vor der Bergstation, kommen diese beiden Wege wieder zusammen.

Retour gehts flott und steil auf diesem Hohlweg oder alternativ auf gleichem Weg zurück nach Dornbirn. Je nach Schneelage alternativ auch via Bürgle nach Mühlebach.

8. Pfänder

🌐	Ort	Bregenz		♥	Erlebnis	★ ★ ★ ☆ ☆
⌖	Start	Landesbibliothek Bregenz		👀	Landschaft	★ ★ ★ ★ ☆
📍	Ziel	Gasthaus Pfänderdohle		👍	Kondition	★ ★ ☆ ☆ ☆
🎚	Niveau	mittel		❄	Winterwandern	★ ★ ★ ★ ☆
🕐	Gesamtzeit	2.5 Std.		🐾	Schneeschuhe	★ ★ ★ ☆ ☆
→	Distanz	11.3 km		🚲	Winterbiken	★ ★ ☆ ☆ ☆
📍	Höchster Punkt	1.070 m		🧍	Kindertauglich	★ ★ ★ ☆ ☆
⛰	Auf- / Abfahrt	⬆ 570 Hm ⬇ 570 Hm		📈	Steigung im Ø	mittelsteil 11%
🗓	Jahreszeit	Jänner – März		🍴	Einkehr	Gasthaus Pfänderdohle
⊚	Exposition	Süd / West		📱	Telefon	+43 5574 43 073
ℹ	Strecke	Forststraße (teils Teer)		℮	Internet	www.pfaenderdohle.at

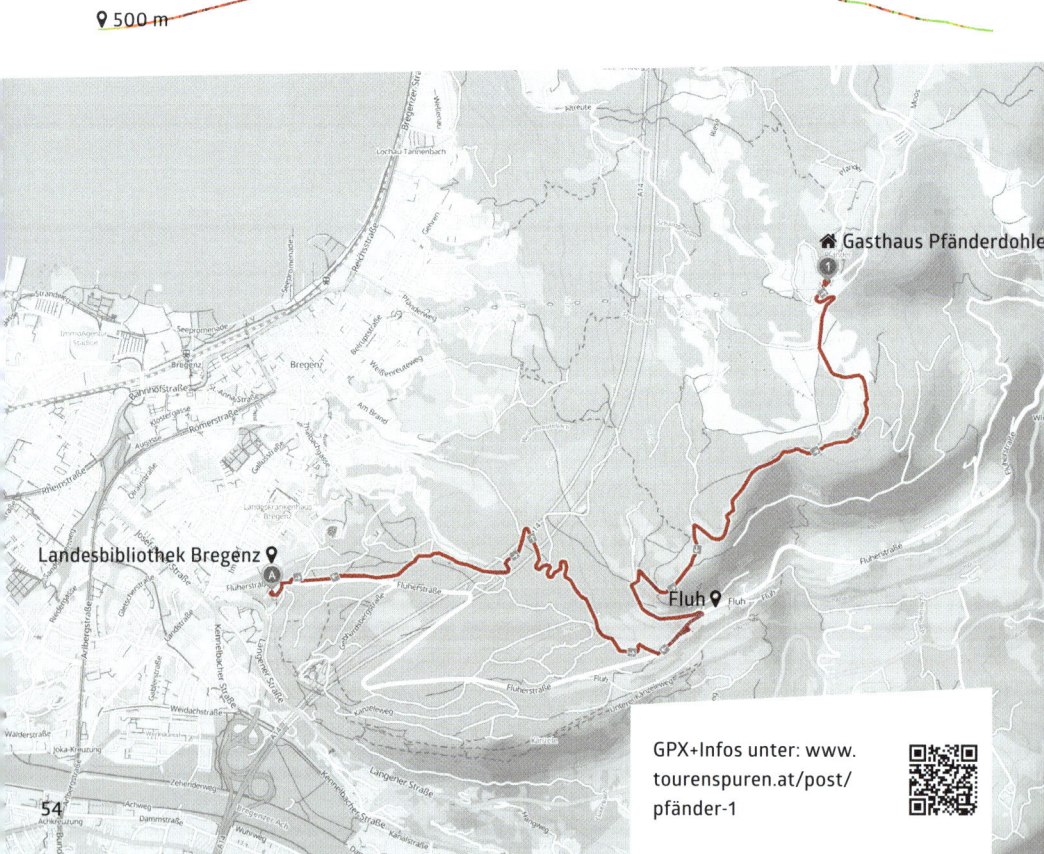

📍 1.070 m

📍 500 m

Gasthaus Pfänderdohle

Landesbibliothek Bregenz 📍

Fluh 📍

GPX+Infos unter: www.
tourenspuren.at/post/
pfänder-1

Start: Parkplatz an der Landesbibliothek in Bregenz

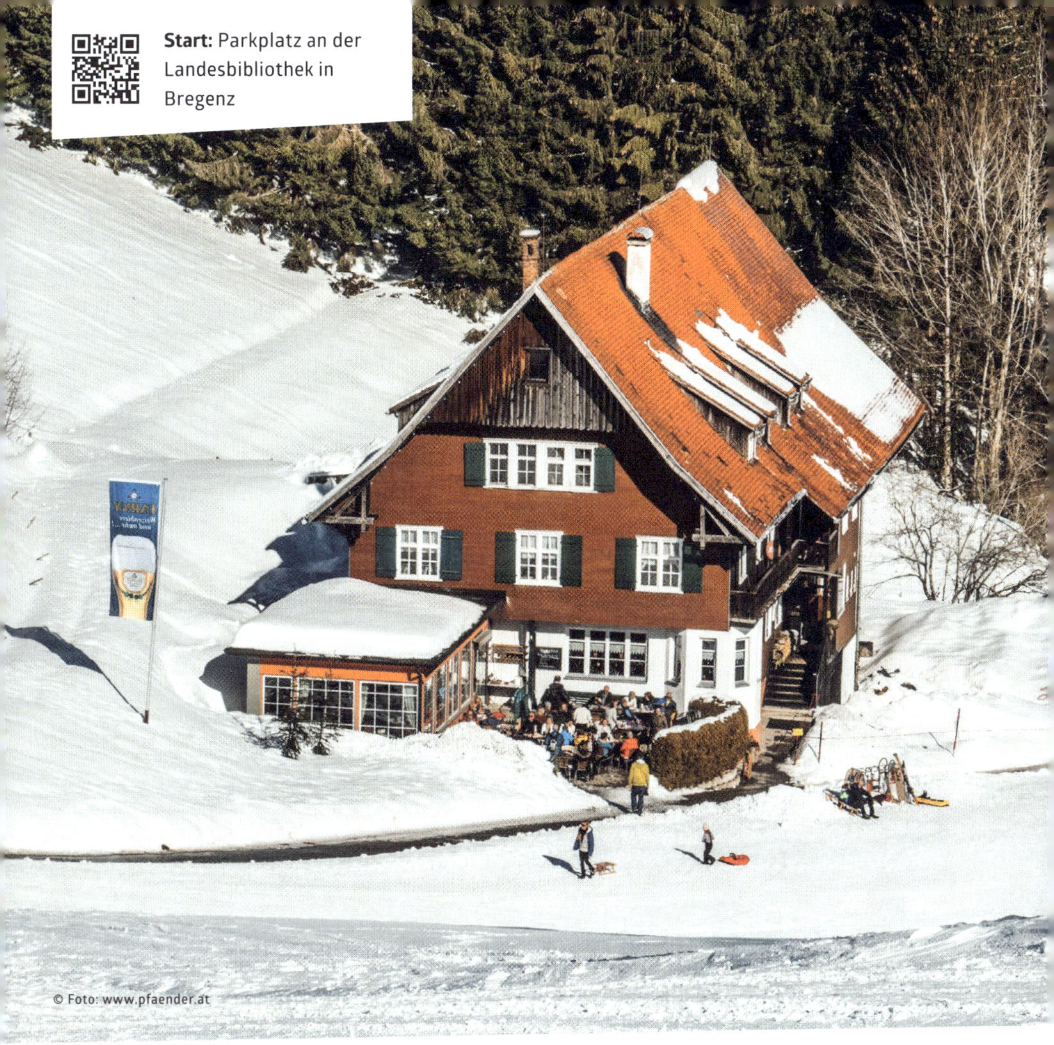

© Foto: www.pfaender.at

Die Rodeltour kann in zwei selbständige Abschnitte aufgeteilt werden. Der erste führt von Bregenz nach Fluh. In Fluh geht man 300 m auf der Aspahltstraße durch den Ort und steigt dann von dort hoch zum Pfänder. Der untere Teil kann wegen Schneemangels nur sehr selten befahren werden. Der zweite Teil ab Fluh ist dann doch etwas schneesicherer. Wenn es aber einmal wirklich ausreichend Schnee bis ins Tal hat, sollte man die Gelegenheit beim Schopf packen. 600 Höhenmeter durchgehenden Rodelgenuss findet man nicht oft im Land. Die landschaftlichen Eindrücke sind ungewöhnlich. Manchmal, wenn sich der Wald öffnet, hat man einen herrlichen Ausblick auf den Bodensee.

Streckenbeschreibung: Vom Parkplatz Landesbibliothek geht es anfangs nur wenige Minuten fast flach bis zur Weggabelung „Wasserschloß" und von dort in einen Güterweg, in „unsere" Rodelbahn". Nun stets auf breitem Güterweg aufwärts nach Fluh. Bei Fluh mündet der Weg in die Asphaltstraße. Auf dieser links halten und nach 300 m, bei beschilderter Abzweigung, aufwärts zum Gasthaus Pfänderdohle.
Viele Rodler fahren auf der Skipiste ins Tal ab, was von den Liftbetreibern ungern gesehen wird. Mehr Spaß hast du ohnehin auf den kurvigeren Waldwegen.

Video

9. Auf der Egg

🌐 Ort	Nofels	❤ Erlebnis	★ ★ ★ ☆ ☆
╪ Start	Kirchplatz Nofels	🔭 Landschaft	★ ★ ☆ ☆ ☆
📍 Ziel	Gasthaus Auf der Egg	👍 Kondition	★ ☆ ☆ ☆ ☆
🕸 Niveau	leicht	❄ Winterwandern	★ ★ ★ ☆ ☆
🕐 Gesamtzeit	1 Std.	🐾 Schneeschuhe	★ ★ ★ ☆ ☆
→ Distanz	2.5 km	🚲 Winterbiken	★ ★ ☆ ☆ ☆
📍 Höchster Punkt	610 m	🧍 Kindertauglich	★ ★ ★ ★ ★
🏔 Auf- / Abfahrt	⬆ 130 Hm ⬇ 130 Hm	📈 Steigung im Ø	flach 9%
🗓 Jahreszeit	Jänner – März	🍴 Einkehr	Gasthaus Auf der Egg
⊘ Exposition	Nordost	📱 Telefon	+43 5522 76 448
ℹ Strecke	Forststraße (teils Teer)	🅴 Internet	tinyurl.com/nt75rs38

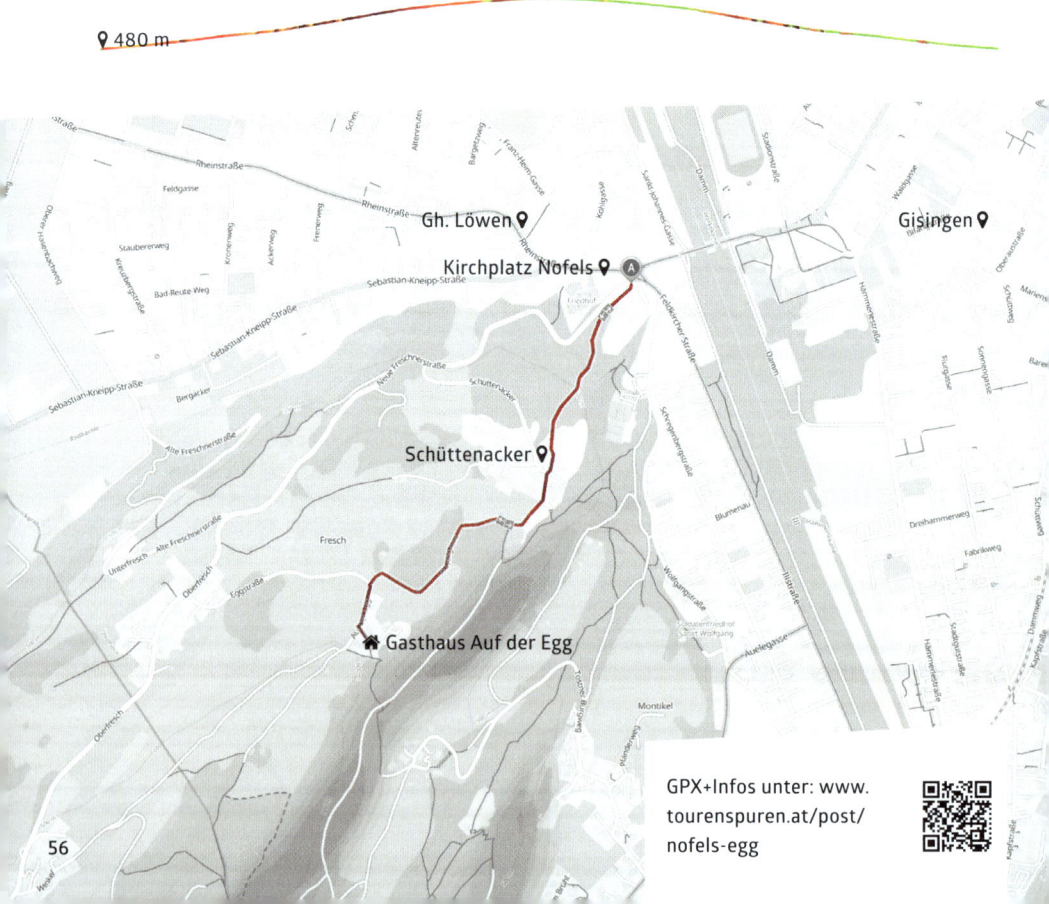

GPX+Infos unter: www.
tourenspuren.at/post/
nofels-egg

Start: Parkplatz an der Neuen Pfarrkirche in Nofels

Direkt im Tal, in der Ortsmitte von Nofels, startet diese nette Rodeltour. Dementsprechend selten kann sie wegen Schneemangels gemacht werden. Wenn es aber einmal soweit ist, dann wird die vorbildlich mit Strohballen abgesicherte Strecke auch genutzt. „Da ist was los, in der Nacht", hat eine Anrainerin in der Parzelle Schüttenacker, durch die die Rodelbahn verläuft, gemeint. „Da wird gelacht und gequietscht." Das hat seinen Grund darin, dass am Ende der kurzen Wanderung ein gemütliches Gasthaus, das Gasthaus „Auf der Egg" wartet.
Ein ideales Ziel für einen kurzen, geselligen, nächtlichen Rodelausflug, wenn dann schon einmal Schnee liegt.

Streckenbeschreibung: Beim Kreisverkehr in Nofels etwa 30 m aufwärts Richtung Schellenberg / Oberfresch und bei den Abfallcontainern in einer Spitzkehre links auf die Warthgasse einbiegen. Nach wenigen Metern auf der Warthgasse geht es auf einem Hohlweg (Rodelbahn) rechts hoch. Beim Start sieht man dort meist schon die Strohballen zur Absicherung. Der Weg verlässt bei der Parzelle Schüttenacker den Wald. Man geht zwischen den Häusern weiter aufwärts und erreicht nach einem kurzen weiteren Anstieg, etwas unterhalb beim Gasthaus „Auf der Egg", eine Asphaltstraße. Auf dieser kurz aufwärts zum Gasthaus gehen. Kinderrodeltipp: www.touren-spuren.at/post/rodelhügel-nofels

10. Laterns

🌐	Ort	Laterns	❤	Erlebnis	★ ★ ★ ★ ☆
╤	Start	Gapfohl Skigebiet	🔭	Landschaft	★ ★ ★ ☆ ☆
📍	Ziel	Kinderskilift / Falbenstube	👍	Kondition	★ ★ ☆ ☆ ☆
🎛	Niveau	leicht	❄	Winterwandern	★ ★ ★ ☆ ☆
🕐	Gesamtzeit	2.5 Std.	🐾	Schneeschuhe	★ ★ ★ ☆ ☆
→	Distanz	7.7 km	🚲	Winterbiken	★ ★ ★ ★ ☆
📍	Höchster Punkt	1.530 m	🧍	Kindertauglich	★ ★ ★ ★ ☆
🏔	Auf- / Abfahrt	⬆ 400 Hm ⬇ 400 Hm	📈	Steigung im Ø	mittelsteil 11%
📅	Jahreszeit	Dezember – März	🍴	Einkehr	Falbastuba
⊙	Exposition	Südwest	📱	Telefon	+43 5526 27186
❶	Strecke	Forststraße (teils Teer)	𝑒	Internet	www.falbastuba.at

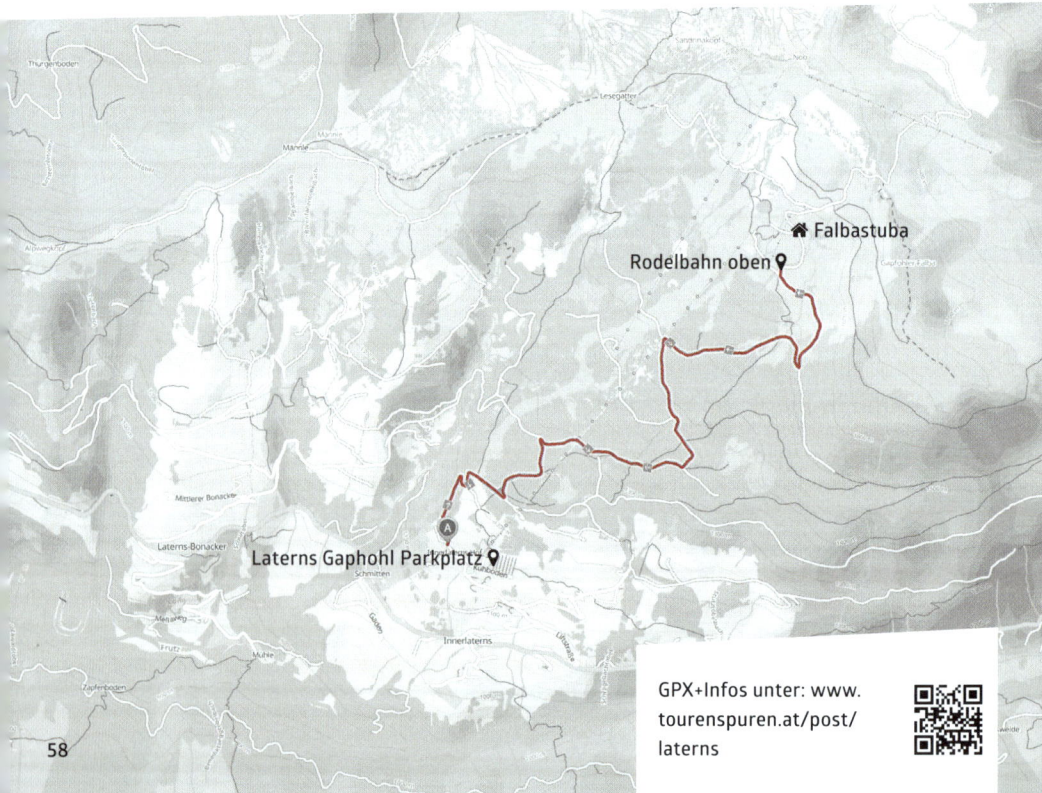

📍 1.530 m

📍 1.130 m

🏠 Falbastuba

Rodelbahn oben 📍

Laterns Gaphohl Parkplatz 📍

Ⓐ

GPX+Infos unter: www.
tourenspuren.at/post/
laterns

© Foto: www.laterns.at

Die Rodelpiste Laterns / Gapfohl liegt im gleichnamigen Skigebiet und wird regelmäßig präpariert. Das bringt den Vorteil gegenüber vielen anderen Rodelstrecken mit sich, dass sie das ganze Jahr über befahrbar ist. Die Rodelbahn startet bei der Talstation, quert die Skipiste und führt dann im Wald aufwärts zur Bergstation. Da man sich die meiste Zeit fernab vom Skitrubel in einem idyllischen Winterwald bewegt, ist sie auch für Leute interessant, für die der Fußaufstieg zum Ausgangspunt zu einer Rodeltour unabdingbar dazugehört. Wer von der Schneestapferei nicht so viel hält, kann bequem mit der Sesselbahn zum Startpunkt fahren. Die Rodelbahn ist nirgends gefährlich steil, stets gut präpariert und breit. Es gibt entlang der gesamten Strecke keine Steilhänge, über die man hinunterund keine Felswände, in die man hineinschießen könnte. Einkehrmöglichkeiten gibt es am Berg und im Tal. Kurzum: Sie ist rundum familientauglich, macht mit der kurvenreichen Routenführung aber auch erfahrenen Rodlern richtig Spaß.

Streckenbeschreibung: Vom Parkplatz geht man etwa 100 m auf der Straße zurück, am Gasthof Kühboden vorbei, bis zu einer Linkskurve. Hier rechts weg auf die Rodelbahn. Nun der präparierten Piste folgend aufwärts zur Bergstation. Von dort sind es nur wenige Meter bis zur chilligen Sonnenterrasse der Falbastuba.

11. Dünser Älpele

🌐	Ort	Dünserberg		❤️	Erlebnis	★ ★ ★ ☆ ☆		
⚖	Start	Parkplatz Winkel		🔭	Landschaft	★ ★ ★ ☆ ☆		
📍	Ziel	Dünser Älpele		👍	Kondition	★ ★ ☆ ☆ ☆		
⏲	Niveau	leicht		❄	Winterwandern	★ ★ ★ ☆ ☆		
⏱	Gesamtzeit	1.5 Std.		🐾	Schneeschuhe	★ ★ ★ ☆ ☆		
→	Distanz	4.6 km		🚲	Winterbiken	★ ★ ☆ ☆ ☆		
📍	Höchster Punkt	1.570 m		🧍	Kindertauglich	★ ★ ★ ★ ☆		
🏔	Auf- / Abfahrt	⬆ 220 Hm ⬇ 220 Hm		📈	Steigung im Ø	flach 9%		
🗓	Jahreszeit	Jänner – März		🍴	Einkehr	Dünser Älpele		
🧭	Exposition	West		🅔	Internet	www.dünser-älpele.at		
ℹ	Strecke	Forststraße (teils Teer)			Selbstbedienungs-Kühlschrank			

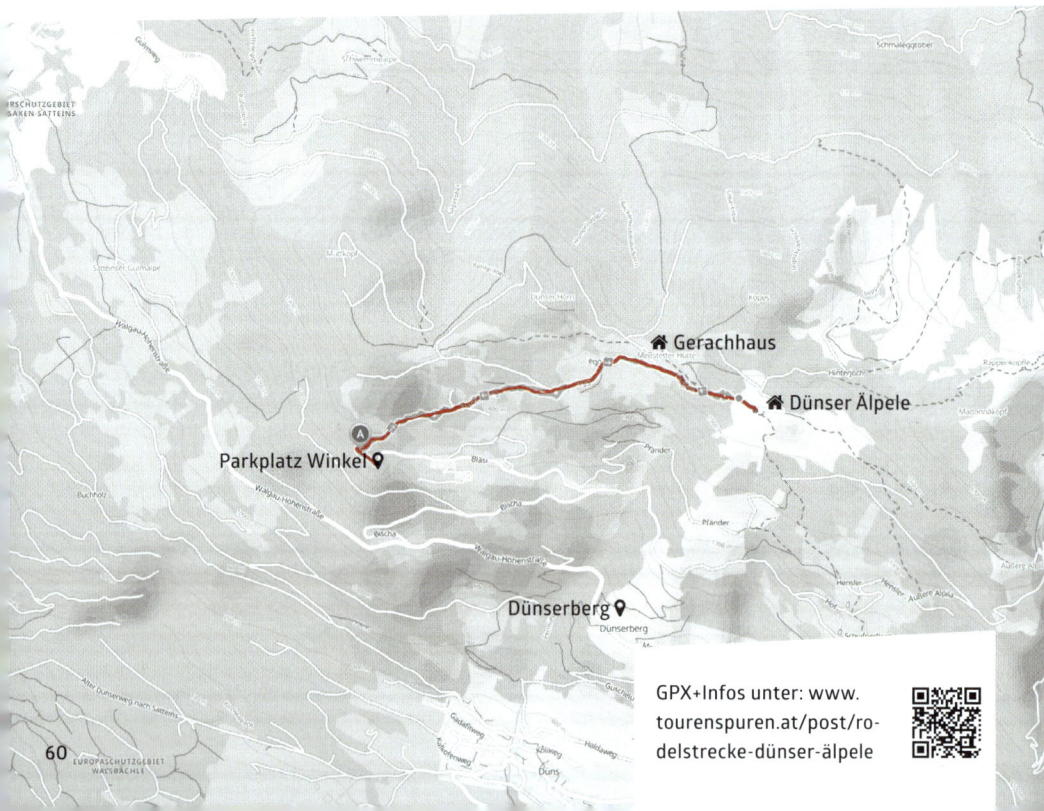

📍 1.570 m

📍 1.350 m

Parkplatz Winkel Ⓐ 📍

Gerachhaus 🏠

Dünser Älpele 🏠 📍

Dünserberg 📍

GPX+Infos unter: www.
tourenspuren.at/post/ro-
delstrecke-dünser-älpele

Start: Vom kleinen Parkplatz Winkel am Dünserberg

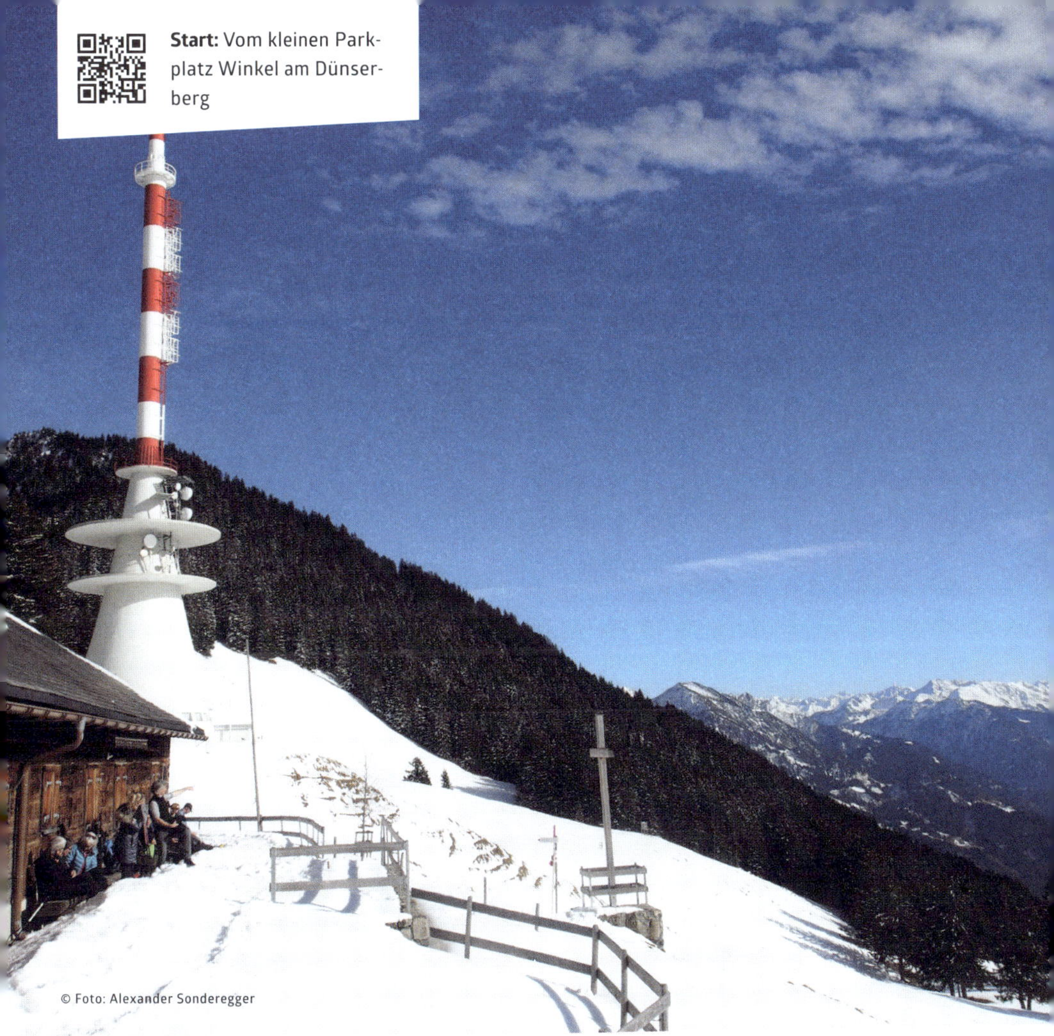

© Foto: Alexander Sonderegger

Auf dieser idyllischen Rodeltour triffst du selten viele Rodler an. Die Strecke ist nur Insidern bekannt und somit erwartet dich hier ein ruhiger und entspannter Rodelausflug. Die Tour auf das Dünser Älpele ist eine sehr einfache und schön gelegene natürliche Familienrodelbahn. Tolle Weit- und Tiefblicke reichen hinüber zum Rätikon auf die Zimba und bis ins Montafon. Die Rodelstrecke bietet ein lohnendes Ziel mit kühlen Getränken im Selbstbedienungs-Kühlschrank beim Dünser Älpele.

Streckenbeschreibung: Der Startpunkt ist der Parkplatz Dünserberg Winkel (1350 m). Dort befindet sich die letzte / höchste Bushaltestelle. Im Sommer fährt der Bus noch weiter bis zum Dünser Älpele. Mit dem Auto fährst du von Feldkirch nach Satteins und weiter nach Dünserberg, oder alternativ von Rankweil nach Übersaxen und weiter nach Dünserberg.

Vom Parkplatz folgt man direkt leicht bis mässig steil der Rodelbahn vorbei am Gerachhaus (https://gerachhaus.naturfreunde.at/) bis zum Dünser Älpele. Zurück rodelst du auf gleichem Wege.

Video Dünser Älpele

12. Muttersberg

🌐 Ort	Bludenz		❤ Erlebnis	★	★	★	☆	☆
⚎ Start	Gasthof Schönblick		🔭 Landschaft	★	★	★	☆	☆
📍 Ziel	Bergstation Muttersberg		👍 Kondition	★	★	☆	☆	☆
🎛 Niveau	mittel		❄ Winterwandern	★	★	★	☆	☆
🕐 Gesamtzeit	2 Std.		🐾 Schneeschuhe	★	★	★	☆	☆
→ Distanz	8.3 km		🚲 Winterbiken	★	★	☆	☆	☆
📍 Höchster Punkt	1.390 m		🧍 Kindertauglich	★	★	★	★	☆
⛰ Auf- / Abfahrt	⬆ 430 Hm ⬇ 430 Hm		📈 Steigung im Ø	mittelsteil 11%				
🗓 Jahreszeit	Jänner – März		🍴 Einkehr	Alpengasthof Muttersberg				
⌾ Exposition	West		▢ Telefon	+43 664 88312665				
ℹ Strecke	Forststraße (teils Teer)		℮ Internet	www.muttersberg.at				

📍1.390 m

📍960 m

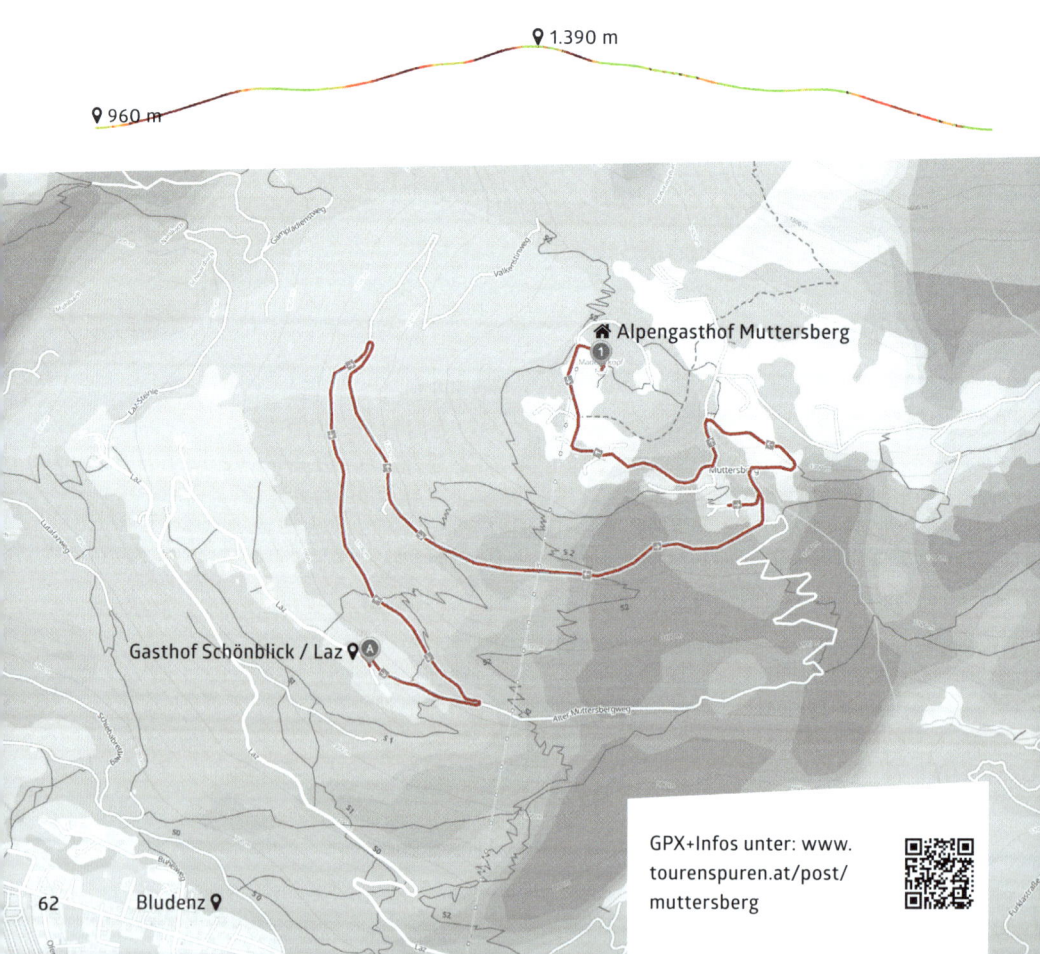

Alpengasthof Muttersberg

Gasthof Schönblick / Laz

GPX+Infos unter: www.
tourenspuren.at/post/
muttersberg

Bludenz 📍

Start: Zu Fuß vom Parkplatz Muttersberg bis Gh. Schönlick

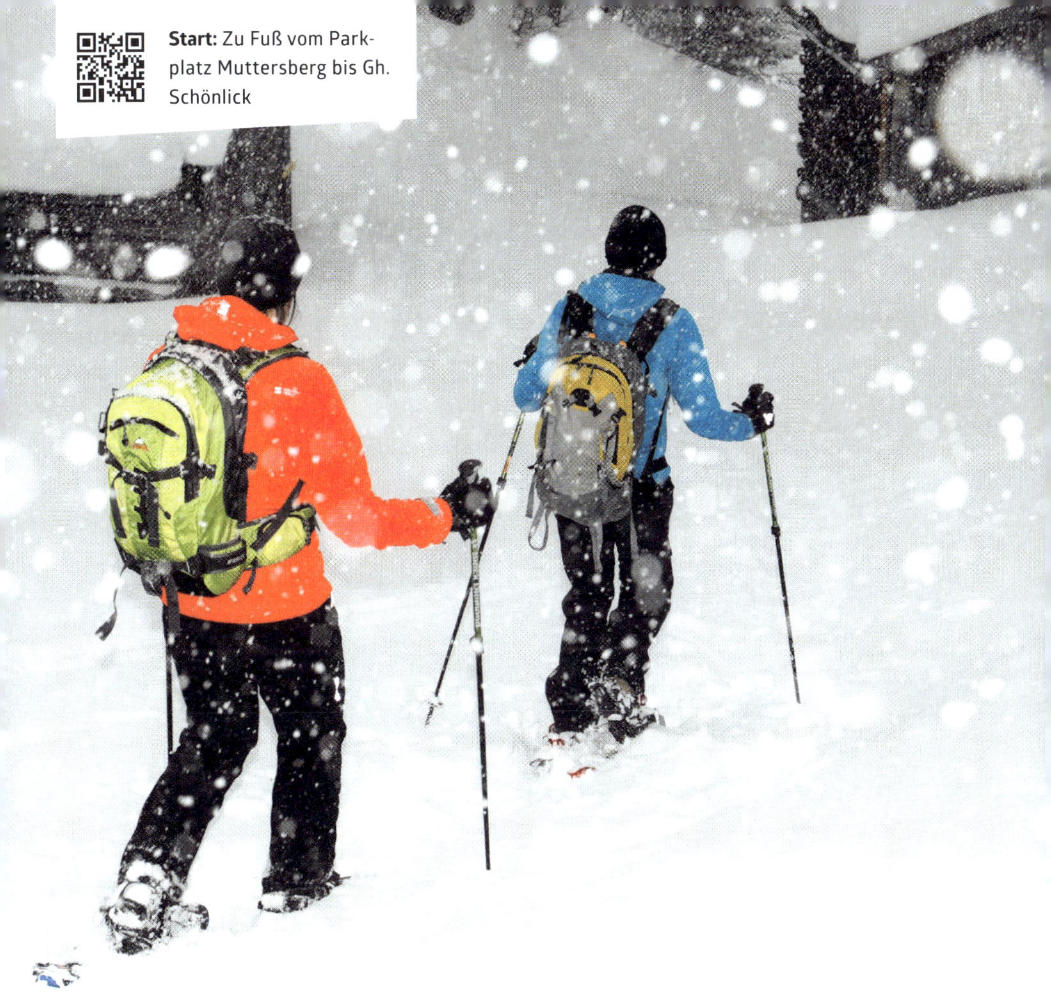

© Foto: Sepp Mallaun

Die Rodelbahn auf den Muttersberg ist stets gut präpariert und an gefährlichen Stellen abgesichert. Zum Ausgangspunkt kommt man zu Fuß vom Gasthof Schönblick in Laz oder mit der Muttersbergbahn bis zur Bergstation.

Die Auffahrt mit der Bahn hat allerdings einen kleinen Haken: Die Rodelpiste endet nämlich beim Gasthof Schönblick. Man muss dann noch ca. 200 Höhenmeter bzw. 1,8 Kilometer auf der geräumten Straße abwärts zum Parkplatz bei der Talstation gehen (www.muttersberg.at).

Streckenbeschreibung: Die Tour beginnt beim Gasthaus Schönblick in Laz oberhalb von Bludenz. Hier bieten sich ausreichend Parkgelegenheiten. Es führt quasi nur ein Weg gut beschildert aufwärts zur Bergstation. Etwa 5 Minuten nach dem Start in Laz nach der Schranke im Wald links ist die etwas flachere Streckenführung. Du kannst aber auch geradeaus der etwas steileren Strecke bergauf folgen. Die beiden Wege führen weiter oben wieder zusammen.

Video

13. Schattenlaganthütte

🌐	Ort	Brand	♥	Erlebnis	★	★	★	★	☆
⚑	Start	Palüd Skilift	🔭	Landschaft	★	★	★	★	★
📍	Ziel	Schattenlaganthütte	👍	Kondition	★	★	★	☆	☆
🎚	Niveau	mittel	❄	Winterwandern	★	★	★	★	☆
🕐	Gesamtzeit	2.5 Std.	🐾	Schneeschuhe	★	★	★	★	☆
→	Distanz	9.9 km	🚴	Winterbiken	★	★	★	★	★
📍	Höchster Punkt	1.480 m	🧍	Kindertauglich	★	★	★	★	☆
🏔	Auf- / Abfahrt	⬆ 410 Hm ⬇ 410 Hm	📈	Steigung im Ø	flach 8.5%				
🗓	Jahreszeit	Dezember – März	🍴	Einkehr	Schattenlaganthütte				
◎	Exposition	Nord	📱	Telefon	+43 676 956 25 02				
ℹ	Strecke	Forststraße (teils Teer)	ℯ	Internet	schattenlaganthuette.at				

📍 1.480 m

📍 1.060 m

Palüd Skilift Brand 📍
Ⓐ

📍 Winterwanderweg

Schattenlaganthütte 🏠

GPX+Infos: www.touren-spuren.at/post/brand-schattenlagant

Start: Kostenloser Parkplatz am Skilift Palüd in Brand

© Foto: Alexander Sonderegger

Wunderschöne Rodeltour, bei der einfach alles stimmt. Wenn man doch noch ein Haar in der Suppe suchen möchte, könnte man vielleicht noch einwenden, dass die Strecke zu flach sei, denn schon nach leichtem Schneefall kann die Abfahrt etwas mühsam werden. Aber die Strecke wird immer gut präpariert, sodass der Neuschnee nie lange liegen bleibt. Das war's aber auch schon mit dem Nörgeln.

Der Rest ist helle Freude. Die Landschaft ist perfekt, die Hochgebirgskulisse großartig. Die Rodelbahn ist breit und – sofern genug Schnee liegt – durch Schneewälle an beiden Seiten der Straße gut abgesichert. Und am Ende wartet eine gemütliche Einkehrmöglichkeit.

Durch die Höhenlage ist die Bahn obendrein auch noch recht schneesicher. Kurzum: der perfekte Rodelspaß – auch für Familien mit Kindern.

Streckenbeschreibung: Am Ende des Dorfs beim Parkplatz des Palüd Skilifts auf der Straße aufwärts bis zur Schattenlaganthütte, etwas unterhalb der Lünerseebahn-Talstation, gehen.

Tipp: In der Schattenlaganthütte kann man Rodel ausleihen. Die Bus- und Skibusverbindungen direkt zum Startpunkt sind sehr gut.

Video

65

14. Bürserberg Löcher

🌐	Ort	Bürserberg	♥	Erlebnis	★ ★ ★ ★ ☆
⚑	Start	Einhornbahn 1 Talstation	🔭	Landschaft	★ ★ ★ ☆ ☆
📍	Ziel	Einhornbahn 1 Bergstation	👍	Kondition	★ ★ ☆ ☆ ☆
🕑	Niveau	mittel	❄	Winterwandern	☆ ☆ ☆ ☆ ☆
🕐	Gesamtzeit	1 Std.	🐾	Schneeschuhe	☆ ☆ ☆ ☆ ☆
→	Distanz	3 km	🚲	Winterbiken	☆ ☆ ☆ ☆ ☆
📍	Höchster Punkt	1.160 m	🧍	Kindertauglich	★ ★ ☆ ☆ ☆
⛰	Auf- / Abfahrt	⬆ 270 Hm ⬇ 270 Hm	📈	Steigung im Ø	steil 19%
📅	Jahreszeit	Dezember – März	🍴	Einkehr	Taleu
⊚	Exposition	Südost	📱	Telefon	+43 5552 63 257
❶	Strecke	Forststraße (teils Asphalt)	℮	Internet	www.taleu.at

📍 1.160 m

📍 890 m

GPX+Infos: www.touren-
spuren.at/post/rodelstre-
cke-bürserberg-löcher

Start: Kostenloser Parkplatz am Skilift Einhorn-
bahn 1

© Foto: Alex Kaiser '

Diese steile und anspruchsvolle Naturrodelbahn ist gut abgesichert und führt dich schnell und steil von der Tschengla, genauer gesagt von der Einhornbahn 1 Bergstation, hinunter zur Talstation. Somit eher nichts für kleine Kinder, sondern eher für schnellen Rodelspaß und eine Dosis Adrenalin.

Streckenbeschreibung: Die Naturrodelbahn beginnt bei der Bergstation und verläuft durch eine Unterführung, und von dort kannst du dich nicht mehr verfahren. Kurz vor dem Schluss teilt sich die Rodelbahn und man kann entweder gleich direkt zur Talstation oder über die Abzweigung direkt ins Ortszentrum von Bürserberg gelangen.

Jeden Freitag kannst du hier bei guter Schneelage auf der beleuchteten Strecke nachtrodeln!

 Video

15. Eggen Maisäß

🌐	Ort	Brand	❤	Erlebnis	★	★	★	★	☆
⇟	Start	Dorfbahn Talstation	👀	Landschaft	★ ★ ★ ★ ☆
📍	Ziel	Dorfbahn Bergstation	👍	Kondition	★ ★ ★ ☆ ☆
🕓	Niveau	mittel	❄	Winterwandern	☆ ☆ ☆ ☆ ☆
→	Gesamtzeit	1.5 Std.	🐾	Schneeschuhe	☆ ☆ ☆ ☆ ☆
→	Distanz	8 km	🚲	Winterbiken	☆ ☆ ☆ ☆ ☆
📍	Höchster Punkt	1.380 m	🧍	Kindertauglich	★ ★ ★ ★ ☆
⛰	Auf- / Abfahrt	⬆ 390 Hm ⬇ 390 Hm	📈	Steigung im Ø	mittelsteil 11%
🗓	Jahreszeit	Dezember – März	🍴	Einkehr	Heuboda
⊘	Exposition	Südost	📱	Telefon	+43 5559 223
ⓘ	Strecke	Forststraße (teils Asphalt)	℮	Internet	www.sarotla.at

📍 1.380 m

📍 990 m

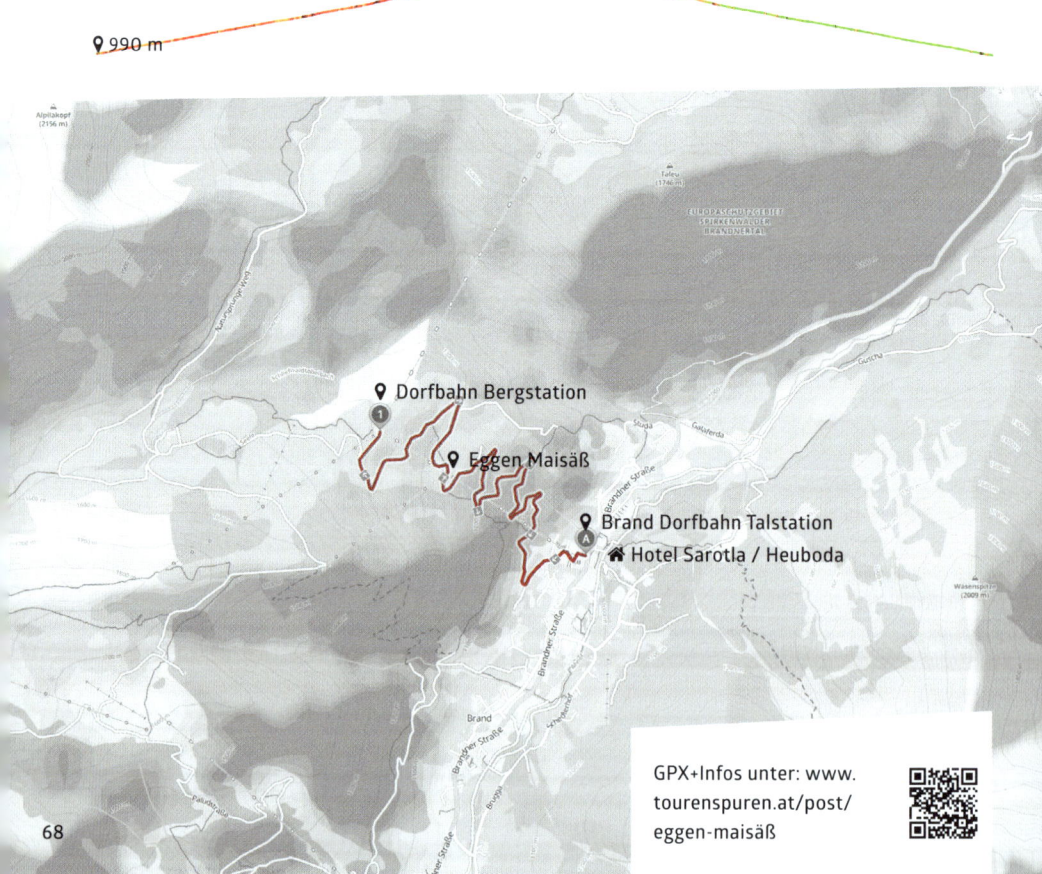

📍 Dorfbahn Bergstation
1

📍 Eggen Maisäß

📍 Brand Dorfbahn Talstation
A

🏠 Hotel Sarotla / Heuboda

GPX+Infos unter: www.
tourenspuren.at/post/
eggen-maisäß

Start: Parkplatz am Skilift der Talstation in Brand

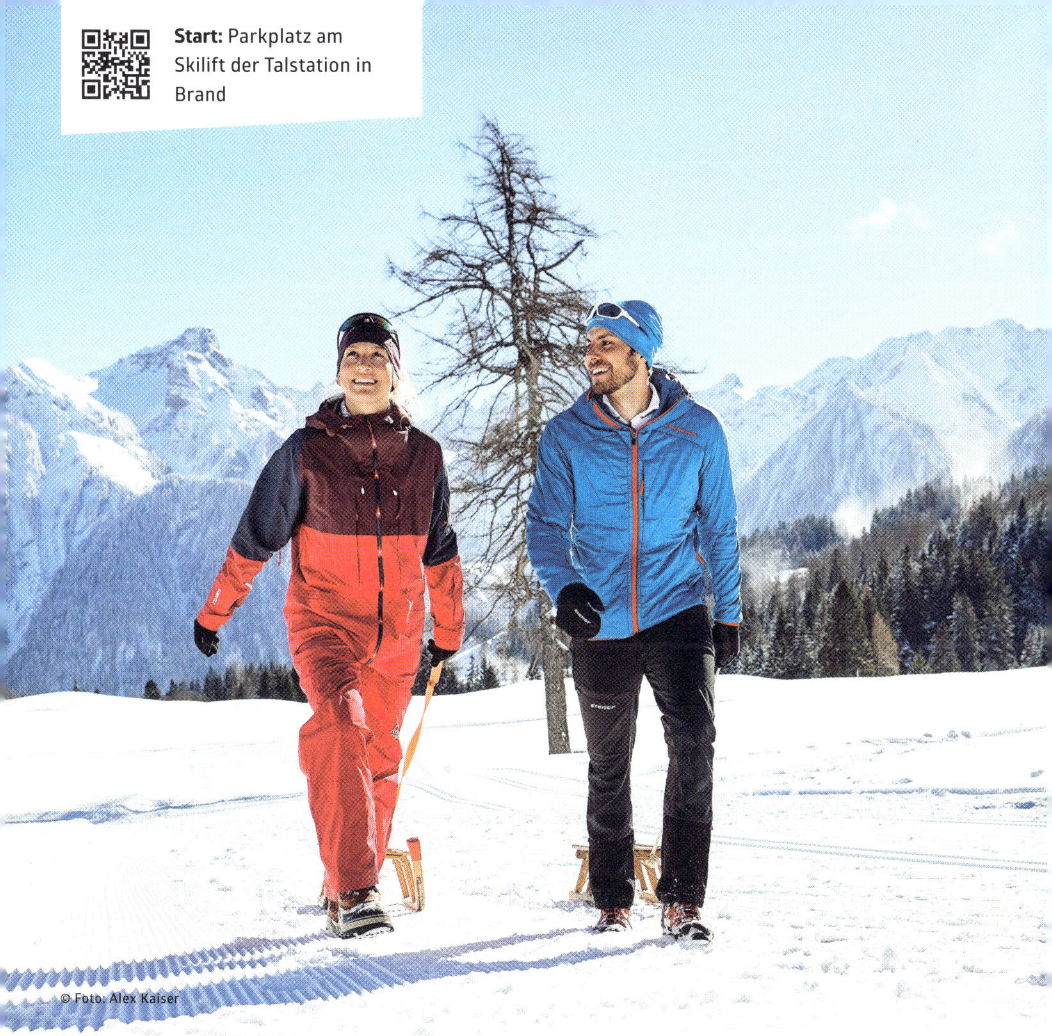

© Foto: Alex Kaiser

Das Brandnertal bietet Sommer wie Winter für jeden Freizeittyp und alle hier besprochenen Sportarten die passende Tour. Rodelmöglichkeiten gibt es in Brand viele. Neben der Schattenlaganthütte zählt die Rodelbahn unter der Dorfbahn sicher zu den Highlights.

Jeden Dienstag findet von 18 bis 21:30 Uhr bei entsprechender Schneelage das Nachtrodeln statt. Leihrodel können direkt bei der Talstation der Dorfbahn ausgeliehen werden. Parkmöglichkeiten gibt es ausreichend direkt an der Talstation der Dorfbahn in Brand.

Streckenbeschreibung: Die Naturrodelbahn Eggen beginnt bei der Bergstation der Dorfbahn und führt vorbei an Eggen Maisäß.
Sie führt über den Forstweg in großen Kehren und Geraden mit tollen Ausblicken auf die Zimba und den Saulakopf retour zur Talstation der Dorfbahn in Brand.

Video

16. Brazer Allmein

🌐	Ort	Braz		♥	Erlebnis	★ ★ ★ ☆ ☆
⚓	Start	Traube Braz		🔭	Landschaft	★ ★ ★ ☆ ☆
📍	Ziel	Allmein / Almakreuz		👍	Kondition	★ ★ ☆ ☆ ☆
🎚	Niveau	leicht		❄	Winterwandern	★ ★ ★ ★ ☆
🕐	Gesamtzeit	1 Std.		🐾	Schneeschuhe	★ ★ ★ ☆ ☆
→	Distanz	1 km		🚲	Winterbiken	☆ ☆ ☆ ☆ ☆
📍	Höchster Punkt	785 m		🧍	Kindertauglich	★ ★ ★ ★ ★
🏔	Auf- / Abfahrt	⬆ 60 Hm ⬇ 60 Hm		📈	Steigung im Ø	flach - mittelsteil 11%
📅	Jahreszeit	Jänner – März		🍴	Einkehr	Traube Braz
🧭	Exposition	Süd		📱	Telefon	+43 5552 28103
ℹ	Strecke	Rodelhügel		𝓮	Internet	www.traubebraz.at

📍 1.160 m

📍 890 m

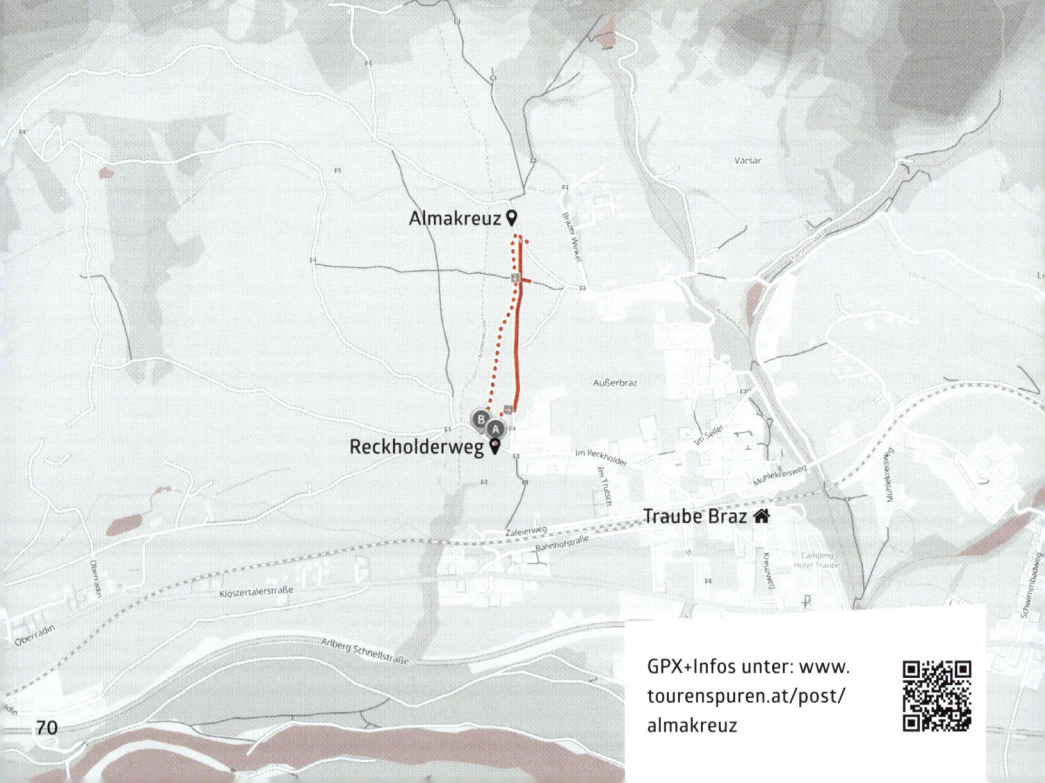

GPX+Infos unter: www.tourenspuren.at/post/almakreuz

Start: Parkplatz direkt beim Gasthaus Traube in Braz

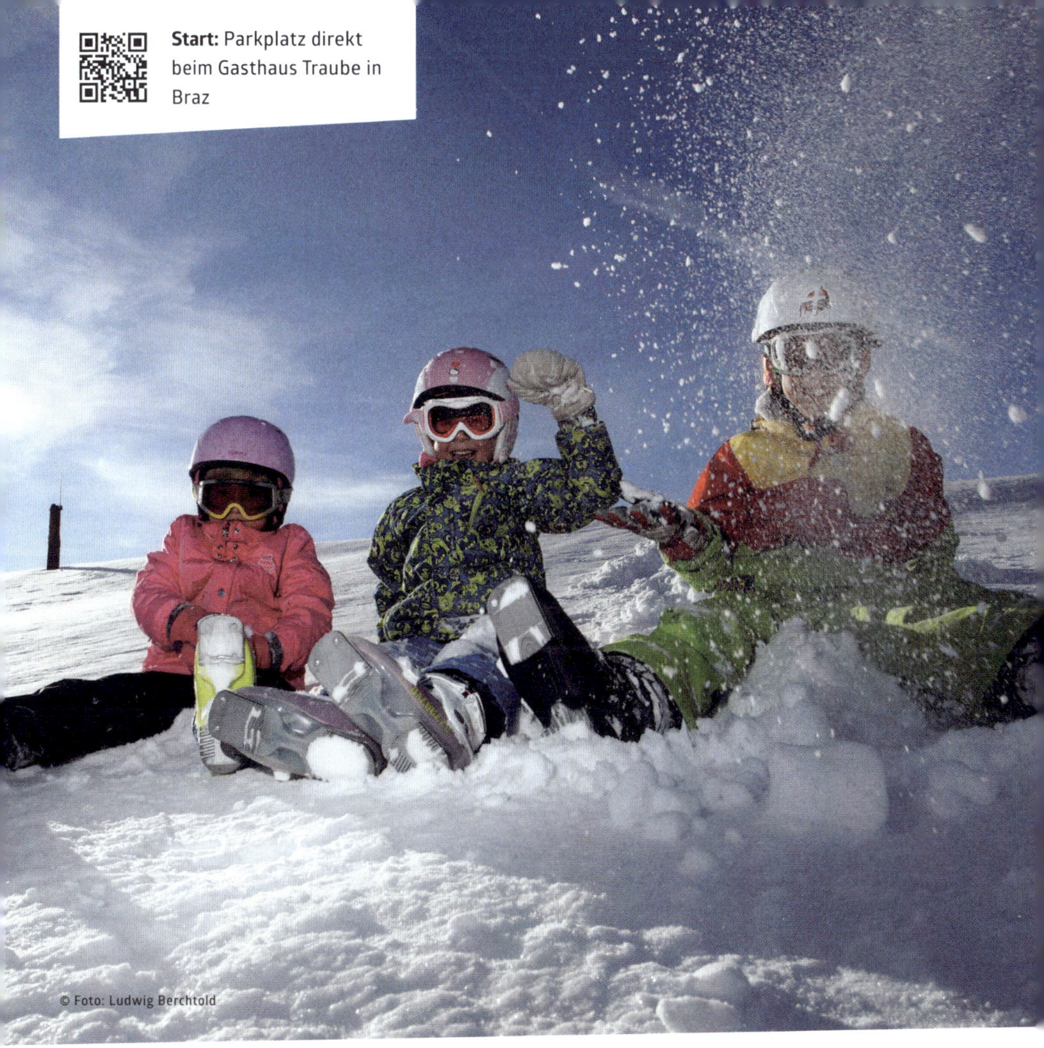

© Foto: Ludwig Berchtold

Es scheint die Sonne und du bist mit Kindern im Klostertal unterwegs? Dann ab auf die Rodelbahn Almakreuz! Eine präparierte Pistenraupenspur verläuft auf der freien Wiese, wo man flott mehrmals rauf- und runtersausen kann. Der Rodelhügel ist ein idealer Spaßort für Kinder. Sportliche Rodler werden hier wenig Adrenalin ausschütten, aber in geselliger Runde mit ein paar Kids findet man hier eine tolle Rodelabwechslung. Die Bob- und Rodelbahn auf die Brazer Allmein ist für Klein und Groß bei guter Schneelage ein beliebter Treffpunkt.
Mit den öffentlichen Verkehrsmitteln erreichst du via Landbus Klostertal L90 direkt die Haltestelle "Traube Braz", wo der Spaß beginnt.

Streckenbeschreibung: Von der Traube Braz geht´s in den Kreuzweg und dann unter der Bahnunterführung links in den Mühlekreisweg. Danach rechts in den Reckholderweg und weiter bis zum Almakreuz. Zurück folgst du dem gleichen Weg. Wenn dir ein „Rutsch" zu wenig war, dann doch gleich nochmals hoch und „ab die Post".

Video

17. Dalaas Hetzel

Ort	Dalaas		Erlebnis	★	★	★	☆	☆
Start	Gasthof Paluda		Landschaft	★	★	☆	☆	☆
Ziel	Parzelle Poller		Kondition	★	☆	☆	☆	☆
Niveau	leicht		Winterwandern	★	★	☆	☆	☆
Gesamtzeit	1 Std.		Schneeschuhe	★	★	☆	☆	☆
Distanz	0.4 km		Winterbiken	☆	☆	☆	☆	☆
Höchster Punkt	920 m		Kindertauglich	★	★	★	★	★
Auf- / Abfahrt	⊙ 90 Hm ⊙ 90 Hm		Steigung im Ø	flach – mittelsteil 11%				
Jahreszeit	Jänner – März		Einkehr	Gasthof Paluda				
Exposition	Nord		Telefon	+43 5585 7614				
Strecke	Rodelhügel		Internet	tinyurl.com/m99243rx				

⚲ 1.160 m

⚲ 890 m

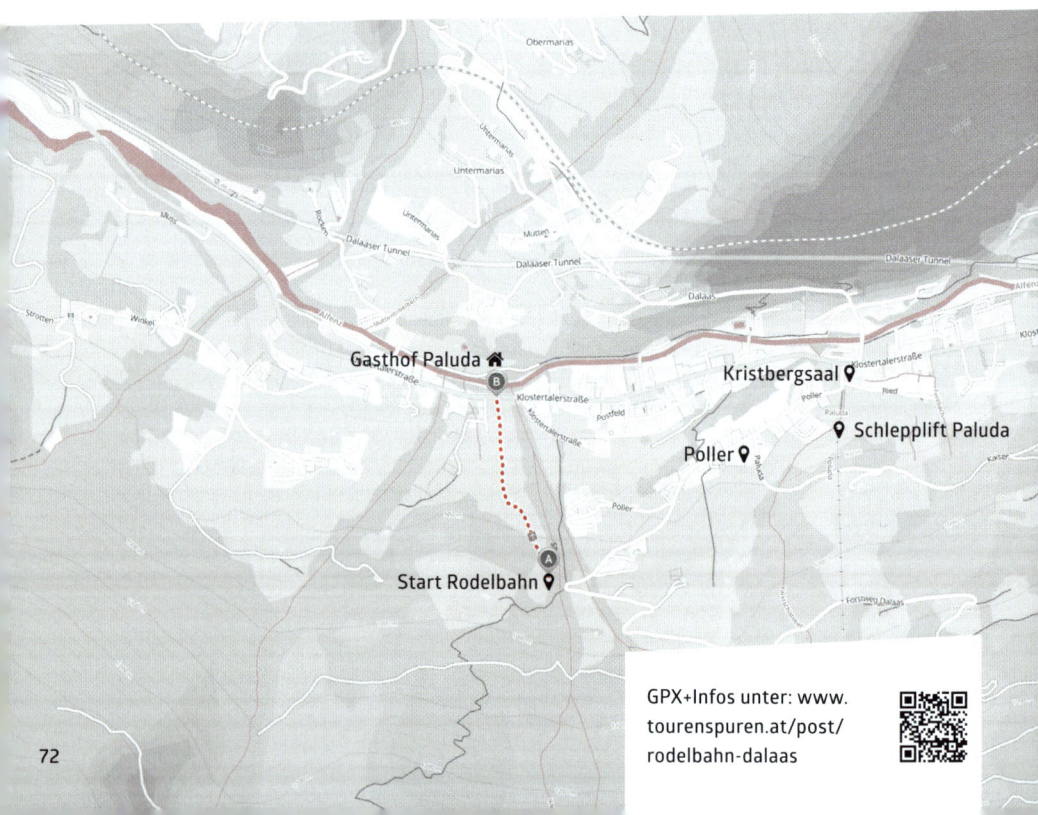

GPX+Infos unter: www.
tourenspuren.at/post/
rodelbahn-dalaas

Start: Parkplatz direkt beim Gasthof Paluda in Dalaas

Eine leichte und kurze Rodelpartie, die leider nicht regelmäßig präpariert ist. Infos zur Strecke und Schnee bekommst du unter der Telefonnummer +43 5585 7244.

Der Landbus Klostertal L90 bringt dich direkt bis zum Startpunkt an der Haltestelle "Kristbergsaal". Beim Kristbergsaal oder Gasthof Paluda solltest du auch immer einen Parkplatz finden. Jeden Mittwoch um 20:30 finden geführte Rodeltreffs bei entsprechender Schneelage statt. Dazu trifft man sich beim Gasthaus Paluda. Nach dem etwa 15 minütigen Aufstieg geht es die mit Fackeln beleuchtete Rodelbahn talwärts. Anschließend bietet sich eine Einkehr im Gasthof Paluda an.

Streckenbeschreibung: Der Rodelhügel mitten in Dalaas ist unkompliziert zu Fuß in 15 min vom Kristbergsaal am kleinen Paluda Schlepplift über den Ortsteil Poller erreichbar. Nach der Furt zweigt der Wanderweg rechts bergauf Richtung Kristbergsattel ab und dort startet auch die Rodelbahn. Aufgrund der kurzen Strecke wird der Rodelspaß bestimmt mehrfach unter die Kuven genommen. Das Ende der Rodelbahn liegt gegenüber des Gasthofs Paluda. Ein absoluter Tipp für die Kleinen und Kleinsten unter uns.

 Video

18. Sonnenkopf

🌐 Ort	Wald am Arlberg		♥ Erlebnis	★ ★ ★ ★ ☆
⚓ Start	Bergstation Sonnenkopf		🔭 Landschaft	★ ★ ★ ★ ☆
📍 Ziel	Mittelstation Sonnenkopf		👍 Kondition	★ ★ ☆ ☆ ☆
🕸 Niveau	leicht		❄ Winterwandern	★ ★ ★ ★ ★
🕐 Gesamtzeit	1.5 Std.		🐾 Schneeschuhe	★ ★ ★ ★ ★
→ Distanz	3.6 km		🚲 Winterbiken	★ ☆ ☆ ☆ ☆
📍 Höchster Punkt	1.840 m		🧍 Kindertauglich	★ ★ ★ ★ ★
🏔 Auf- / Abfahrt	⬆ 240 Hm ⬇ 240 Hm		📈 Steigung im Ø	mittelsteil 13.5%
📅 Jahreszeit	Jänner – März		🍴 Einkehr	Bergrestaurant
🧭 Exposition	Nord		☎ Telefon	+43 5582 292-9300
❶ Strecke	Forststraße (teils Asphalt)		𝑒 Internet	tinyurl.com/ypnk6uxn

📍 1.840 m

📍 1.600 m

GPX+Infos unter: www.
tourenspuren.at/post/
rodelbahn-sonnenkopf

74

Start: Parkplatz beim Skigebiet Talstation Sonnenkopfbahn

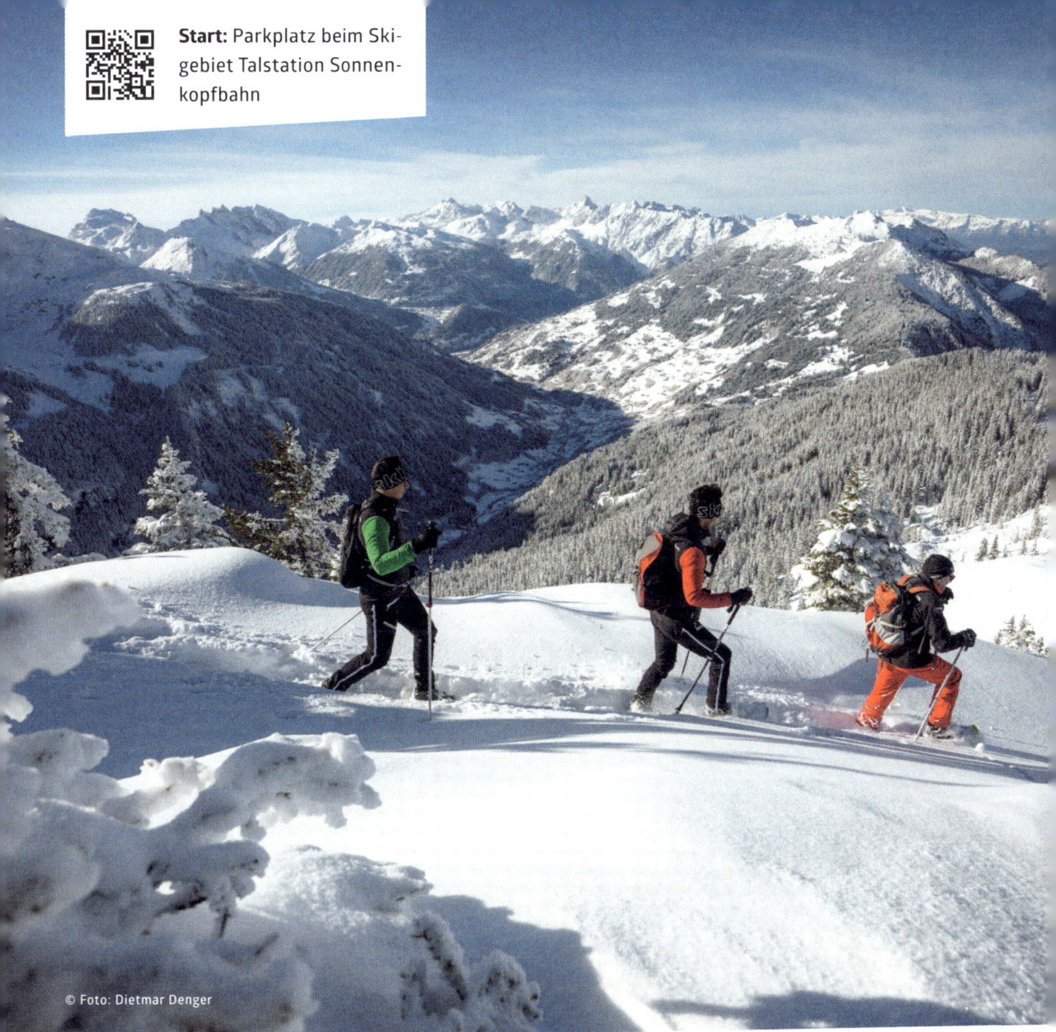

© Foto: Dietmar Denger

Eine „Allrounder“ oder „Jedermanns“ Rodelbahn mit Spaßgarantie. Warum? Ganz einfach, weil dank Seilbahn der Startpunkt rasch noch einmal erreicht ist. Dann geht es lustig dahin auf der abwechslungsreichen Rodelbahn im Skigebiet Sonnenkopf.

Die Strecke verläuft von der Bergstation zur Mittelstation und ist mit mehreren Steilstücken ein absolutes Highlight. Bei einem Einkehrschwung im Bergrestaurant am Sonnenkopf ist zwar oft viel los, das schöne Panorama entschädigt jedoch den für Trubel. Wer es lieber etwas ruhiger hat, kehrt in die Bündthütte, etwa in der Hälfte der Strecke, ein. Die Rodelbahn ist insbesondere bei Familien mit Kindern sehr beliebt.

Streckenbeschreibung: Die Auffahrt erfolgt für laufscheue Rodler mit der Sonnenkopfbahn bis zum Startpunkt an der Bergstation. Diese führt uns direkt zum Ziel an der Mittelstation, wo dich die Gondel zurück zur Talstation bringt.

Den Rodelverleih findest du direkt beim Sport Milanovic an der Talstation der Sonnenkopfbahn.

Video

19. Lindauer Hütte

🌐	Ort	Latschau	❤️	Erlebnis	★ ★ ★ ★ ★
⚓	Start	Parkplatz beim Kraftwerk	🔭	Landschaft	★ ★ ★ ★ ★
📍	Ziel	Lindauerhütte	👍	Kondition	★ ★ ★ ☆ ☆
🐞	Niveau	mittel	❄️	Winterwandern	★ ★ ★ ★ ★
⏱	Gesamtzeit	3 Std.	🐾	Schneeschuhe	★ ★ ★ ★ ★
→	Distanz	12 km	🚲	Winterbiken	★ ★ ★ ★ ★
📍	Höchster Punkt	1.744 m	🧍	Kindertauglich	★ ★ ★ ☆ ☆
⛰	Auf- / Abfahrt	⬆ 710 Hm ⬇ 710 Hm	📈	Steigung im Ø	flach 13%
🗓	Jahreszeit	Dezember – April	🍴	Einkehr	Lindauer Hütte
🧭	Exposition	Nordost	📱	Telefon	+43 664 503 34 56
ℹ️	Strecke	Forststraße (teils Asphalt)	𝑒	Internet	www.lindauerhuette.com

📍 1.160 m

📍 890 m

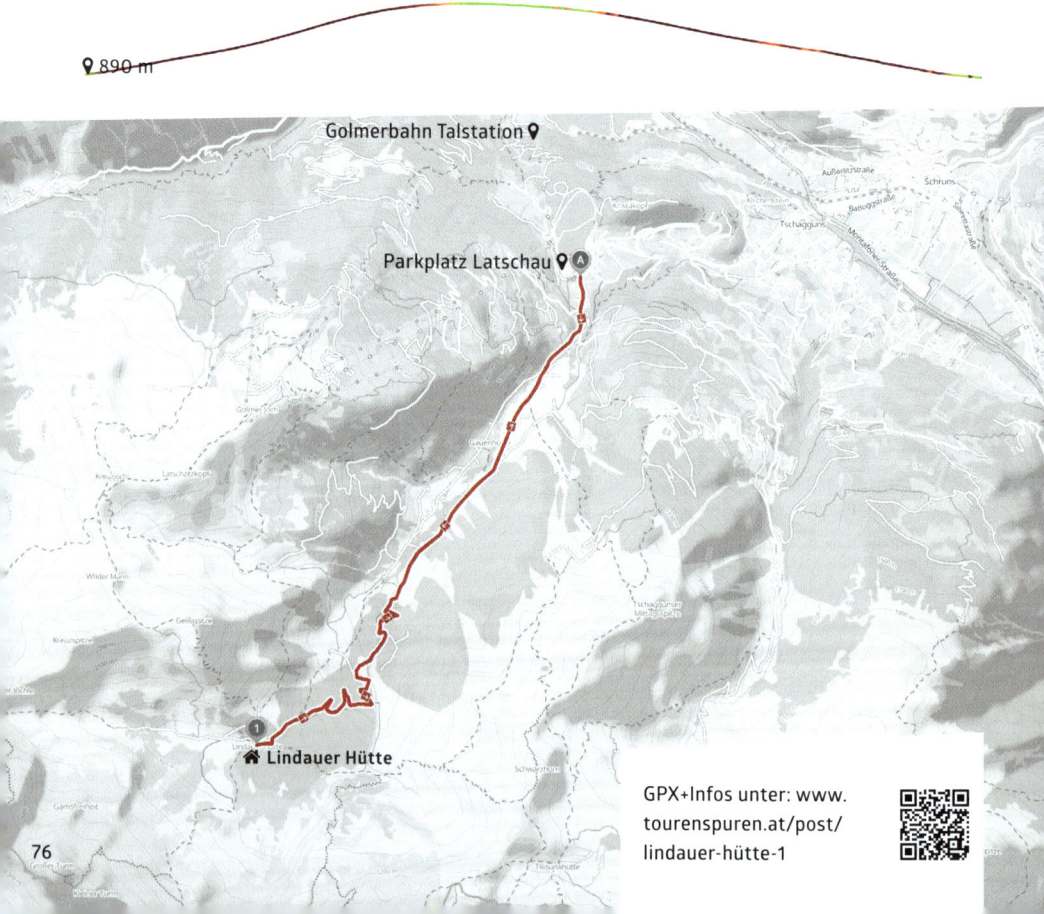

Golmerbahn Talstation 📍

Parkplatz Latschau 📍Ⓐ

🏠 Lindauer Hütte

GPX+Infos unter: www.
tourenspuren.at/post/
lindauer-hütte-1

Start: Kostenloser Parkplatz am Kraftwerk in Latschau

Die Rodeltour auf die Lindauer Hütte ist ein absolutes Highlight und ein Leckerbissen für alle eingefleischten Rodler. Es gibt wohl nicht viele schönere Plätze in Vorarlberg als den Talschluss des Gauertals mit der idyllisch gelegenen Lindauer Hütte und den sie überragenden Bergmassiven der Sulzfluh und der Drei Türme.

Da der Ausgangspunkt auf 1000 m Höhe liegt, findet man hier die ganze Saison über genügend Schnee. Die Piste wird immer gut präpariert. Abgesehen von wenigen kurzen Steilstücken ist die Piste eher flach und gemächlich, an manchen Stellen sogar etwas zu gemächlich. Insgesamt aber eine perfekte Rodeltour.

Ein besonderes Erlebnis ist eine Nachtrodelpartie mit einem gemütlichen „Hock" in der Lindauer Hütte. Da die Strecke nie besonders steil ist und es keine gefährlichen Abgründe gibt, kann man gut mit einer Stirnlampe rodeln.

Streckenbeschreibung: Vom Parkplatz Latschau auf breitem präpariertem Weg mit Blick auf die Drei Türme aufwärts zur Lindauer Hütte. Nach einem anfänglichen Steilanstieg geht es in gemütlicher Anstieg taleinwärts. Am Ende windet sich der Weg etwas steiler werdend in ein paar Kehren aufwärts zur Hütte.

Video

20. Latschau

🌐	Ort	Vandans		❤	Erlebnis	★	★	★	★	☆
⚑	Start	Golmerbahn Talstation		🔭	Landschaft	★ ★ ★ ☆ ☆
📍	Ziel	Latschau		👍	Kondition	★ ★ ☆ ☆ ☆
🎛	Niveau	mittel		❄	Winterwandern	★ ★ ★ ☆ ☆
⏱	Gesamtzeit	1.5 Std.		🐾	Schneeschuhe	★ ★ ★ ☆ ☆
→	Distanz	6.1 km		🚲	Winterbiken	★ ★ ★ ☆ ☆
📍	Höchster Punkt	993 m		🧍	Kindertauglich	★ ★ ★ ☆ ☆
🏔	Auf- / Abfahrt	⬆ 330 Hm ⬇ 330 Hm		📈	Steigung im Ø	mittelsteil 11%
🗓	Jahreszeit	Dezember – April		🍴	Einkehr	Gasthaus Sulzfluh
⊘	Exposition	Nord		▢	Telefon	+43 5556 73376
ⓘ	Strecke	Forststraße (teils Asphalt)		℮	Internet	wwwsulzfluh.at

📍 1.160 m

📍 890 m

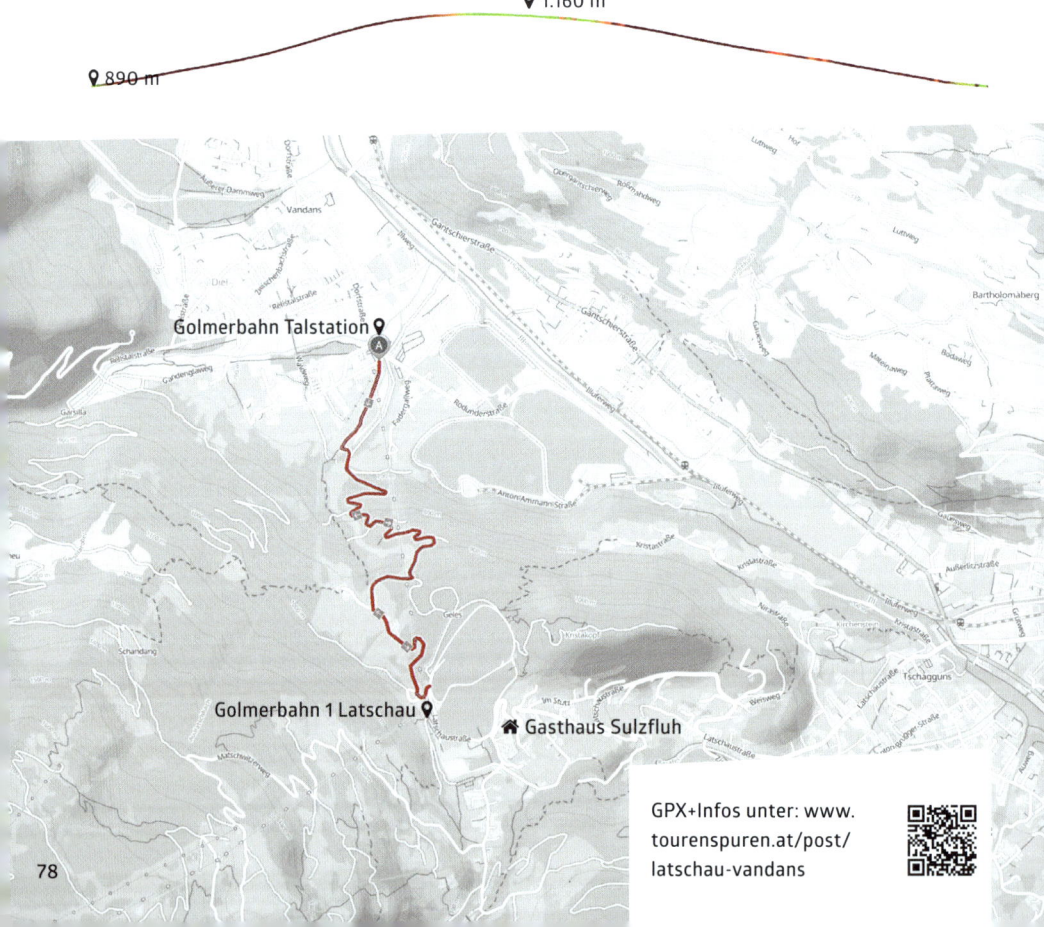

Golmerbahn Talstation 📍

Golmerbahn 1 Latschau 📍   🏠 Gasthaus Sulzfluh

GPX+Infos unter: www.
tourenspuren.at/post/
latschau-vandans

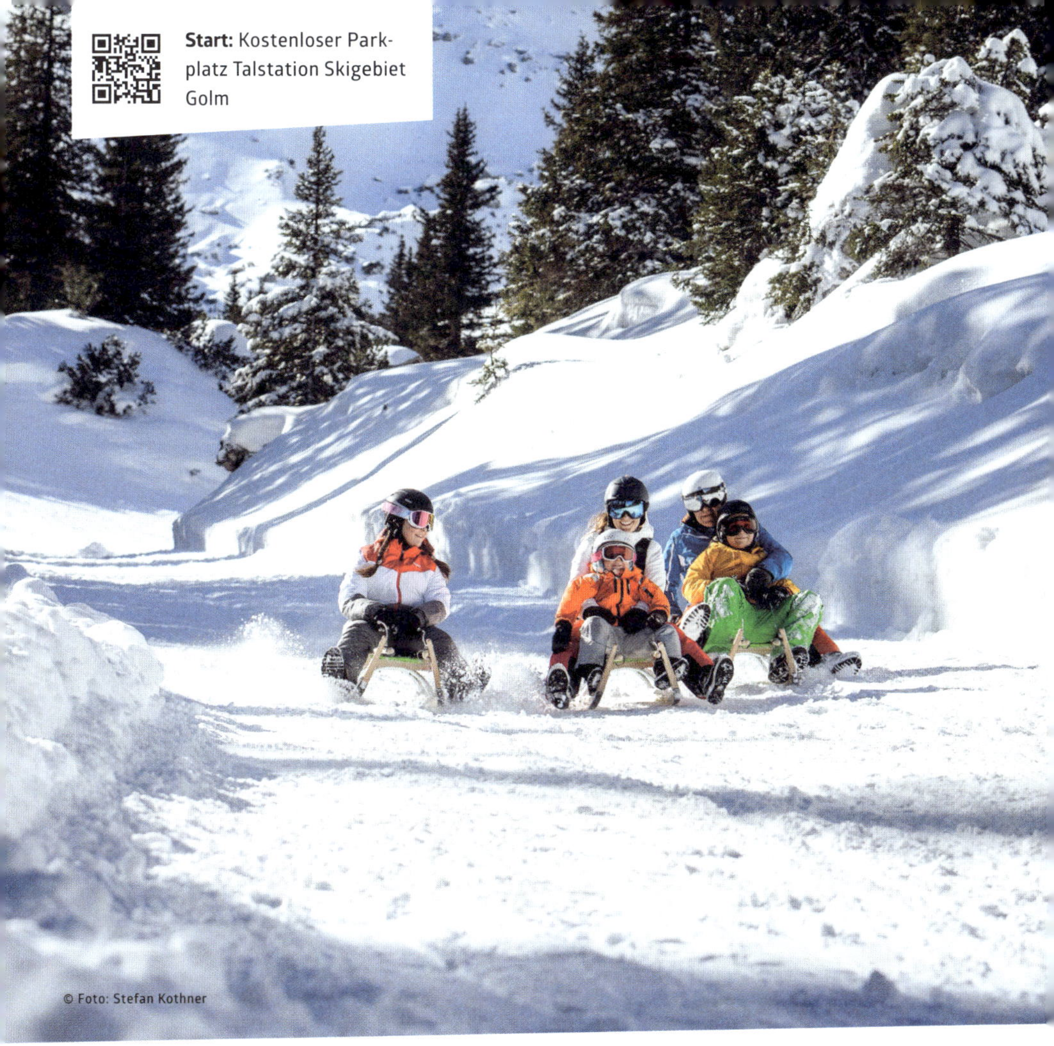

Start: Kostenloser Parkplatz Talstation Skigebiet Golm

© Foto: Stefan Kothner

Wenn du noch ein paar Rodelschwünge zur Lindauer Hütte auf der vorherigen Seite drauflegen möchtest, bist du hier genau richtig. Denn vom Ende der Rodelstrecke der Lindauer Hütte kannst du hier nahtlos anknüpfen und bis ins Tal zur Talstation an der Golmerbahn abfahren.
Die Rodelstrecke Latschau - Vandans ist eine anspruchsvolle und beschneite Rodelbahn, welche sich in 21 Kehren von Latschau nach Vandans schlängelt.

Streckenbeschreibung: Die Rodelstrecke führt von der Golmerbahn Latschau unfehlbar direkt zur Talstation Golmerbahn in Vandans.

Der Höhenunterschied beträgt 330 m und die Rodelstrecke ist 3.05 km lang. Sportbegeisterte und Familien werden viel Freude haben.
Mit der Golmerbahn Vandans (www.golm.at) kannst du wieder zum Startpunkt Golmerbahn Latschau fahren oder alternativ hochwandern.

Nachtrodeltipp: Jeden Mi, Fr und Sa ab 17:30 bis 21 Uhr bei entsprechender Schneelage auf der gut beleuchteten Rodelstrecke.
Rodelverleih gibt´s beim Intersport Tschagguns oder bei der Talstation Golmerbahn in Vandans.

Video

21. Berggasthof Grabs

Ort	Latschau		Erlebnis	★	★	★	☆	☆
Start	Parkplatz beim Kraftwerk		Landschaft	★	★	★	★	☆
Ziel	Berggasthof Grabs		Kondition	★	★	★	☆	☆
Niveau	mittel		Winterwandern	★	★	★	☆	☆
Gesamtzeit	2 Std.		Schneeschuhe	★	★	★	☆	☆
Distanz	7 km		Winterbiken	★	★	★	★	☆
Höchster Punkt	1.360 m		Kindertauglich	★	★	★	☆	☆
Auf- / Abfahrt	⬆ 360 Hm ⬇ 360 Hm		Steigung im Ø	mittelsteil 11%				
Jahreszeit	Dezember – März		Einkehr	Berggasthof Grabs				
Exposition	West / Nord		Telefon	+43 5556 72 584				
Strecke	Forststraße (teils Asphalt)		Internet	www.gasthof-grabs.com				

♀ 1.360 m

♀ 1.000 m

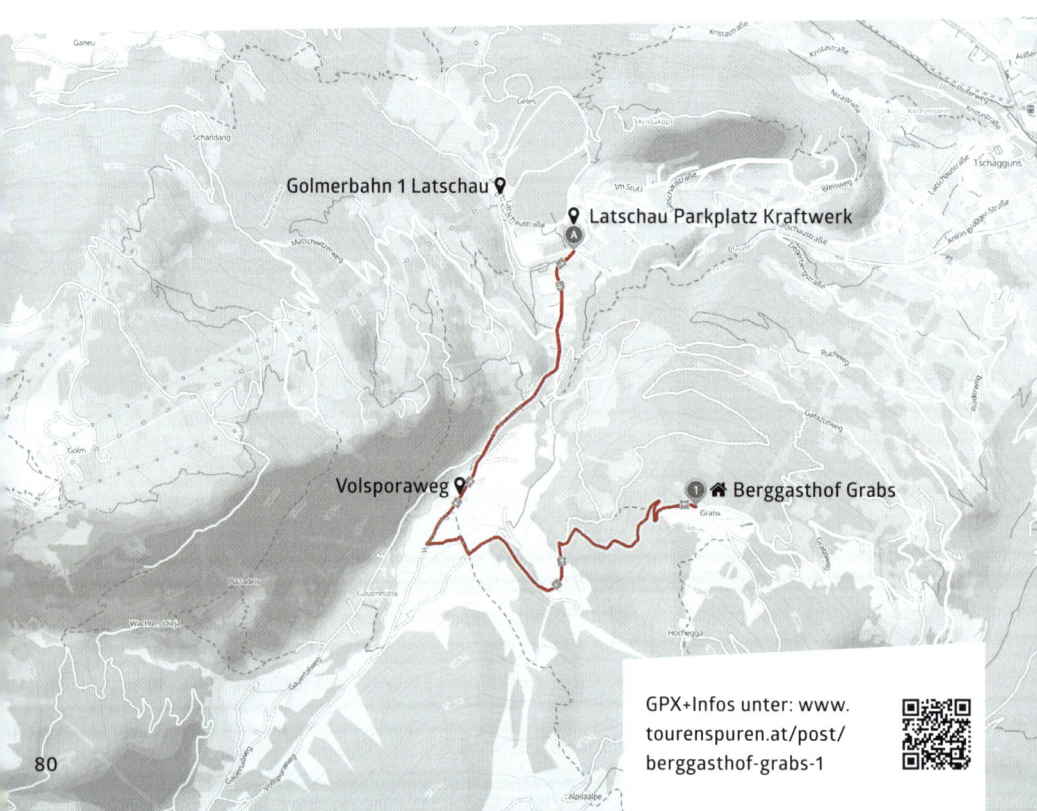

Golmerbahn 1 Latschau ♀

♀ Latschau Parkplatz Kraftwerk
Ⓐ

Volsporaweg ♀

ⓘ 🏠 Berggasthof Grabs

GPX+Infos unter: www.
tourenspuren.at/post/
berggasthof-grabs-1

Start: Kostenloser Parkplatz am Kraftwerk in Latschau.

© Foto: Christoph Malin

Schon wieder eine Tour im Drehkreuz Latschau. Je nach Zeitfenster und Kondition kann die Tour ideal auch von Vandans aus mit der Golmerbahn kombiniert werden, mit der Tour 20. Latschau - Vandans auf der Vorderseite.

Mit dem Bus ist eine elegante und bequeme Anfahrt ideal möglich. Die Landbusse der Montafonerbahn fahren im Stunden-Takt ab dem Bahnhof Schruns. Vom Bahnhof Schruns gelangst du mit der Buslinie 1 nach Latschau. Die Ausstiegsstelle ist: „Kraftwerk".

Streckenbeschreibung: Von der Bushaltestelle geht es zu Fuß zum Feuerwehrhaus hoch, folge dann direkt dem gut beschilderten

"Aquaweg". Am Ende des Parkplatzes gehts los. Es sind etwa 3 km und ca. 360 Hm bis zum Berggasthof Grabs.

Vom Berggasthof Grabs erfolgt die Abfahrt mit der Rodel rasant und leicht kurvig durch Waldabschnitte ins Gauertal hinunter. Dort stößt du auf den Weg von Latschau zur Lindauer Hütte. Über den Volsporaweg geht es dann weiter bis nach Latschau. Wenn du erst jetzt richtig in Fahrt gekommen bist, dann fahr direkt weiter zur Talstation der Golmerbahn (Rodeltour 20. Latschau). Die Rodelbahn ist präpariert.

Video

22. Hochjoch

🌐	Ort	Schruns		❤️	Erlebnis	★	★	★	★	☆
╪	Start	Bergstation Kapell		🔭	Landschaft	★	★	★	★	☆
📍	Ziel	Mittelstation Kropfen		👍	Kondition	★	★	★	☆	☆
🎛	Niveau	leicht - mittel		❄️	Winterwandern	★	★	★	★	☆
🕐	Gesamtzeit	2.5 Std.		🐾	Schneeschuhe	★	★	★	★	☆
→	Distanz	9.3 km		🚲	Winterbiken	★	★	★	☆	☆
📍	Höchster Punkt	1.830 m		🏃	Kindertauglich	★	★	★	★	☆
⛰	Auf- / Abfahrt	⬆ 450 Hm ⬇ 450 Hm		📈	Steigung im Ø	mittelsteil 11%				
🗓	Jahreszeit	Dezember – März		🍴	Einkehr	Kapellrestaurant				
🧭	Exposition	West		📱	Telefon	+43 5557 6300				
ℹ️	Strecke	Forststraße (teils Asphalt)		℮	Internet	silvretta-montafon.at				

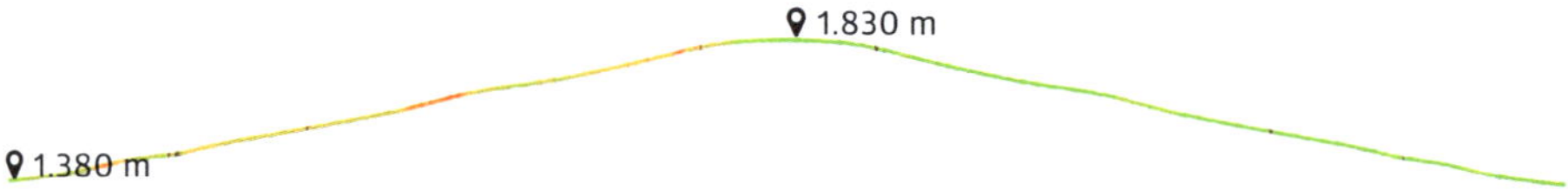

📍 1.830 m

📍 1.380 m

Kropfel Mittelstation Hochjochbahn 📍 Ⓐ

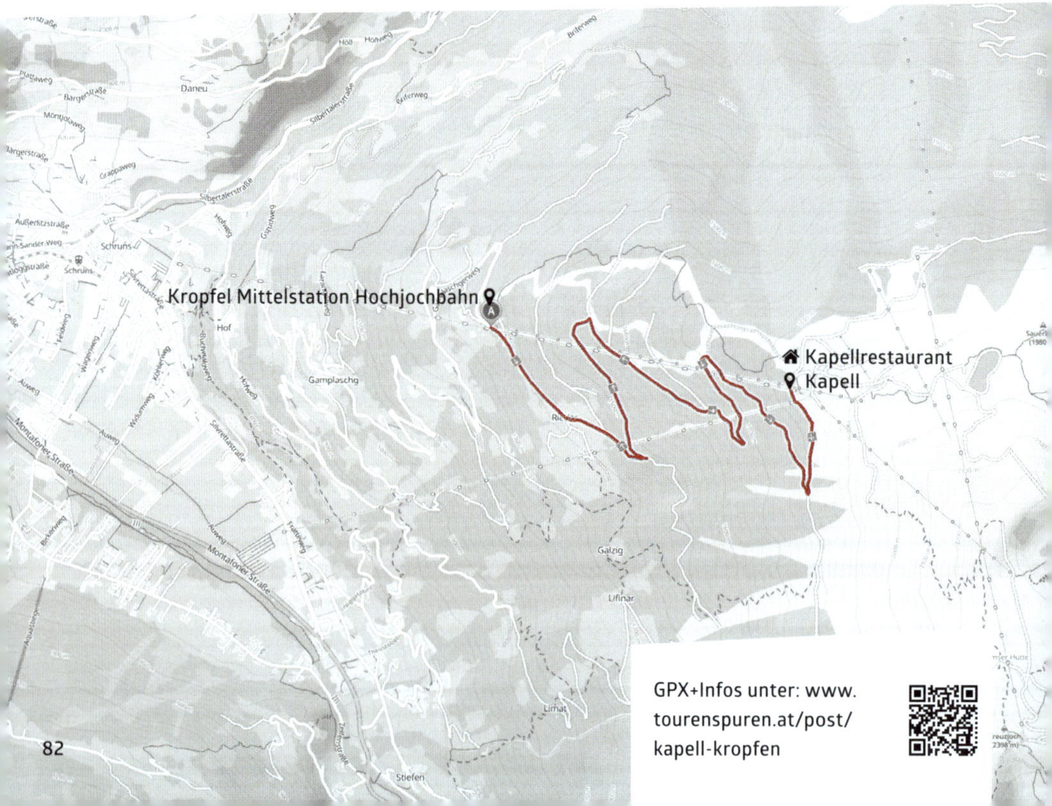

🏠 Kapellrestaurant
📍 Kapell

GPX+Infos unter: www.
tourenspuren.at/post/
kapell-kropfen

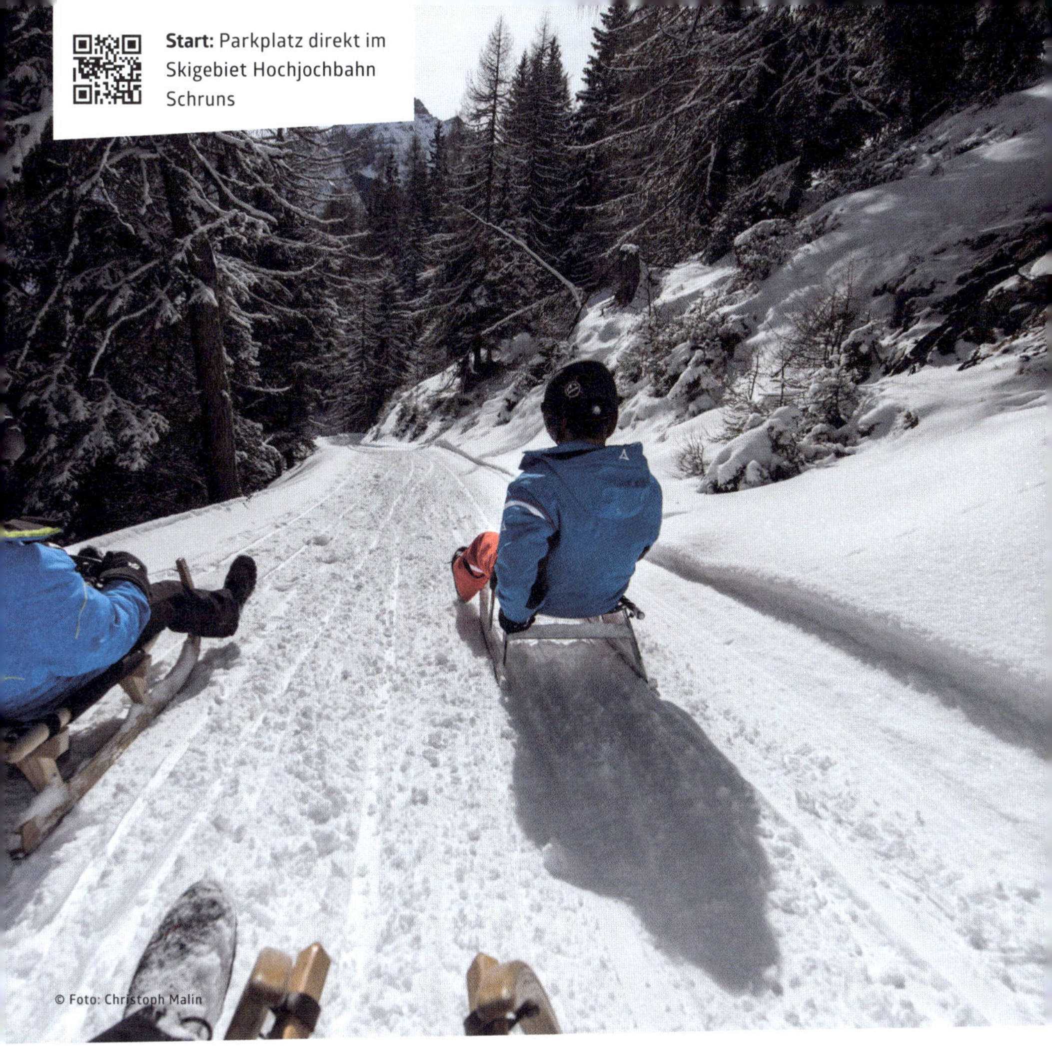

Start: Parkplatz direkt im Skigebiet Hochjochbahn Schruns

© Foto: Christoph Malin

Eine leichte und zudem abwechslungsreiche Rodeltour im Herzen des Montafons für die ganze Familie. Die Hochjochbahn bringt dich bis zum Startpunkt der Bergstation Kapell. Dort beginnt der Rodelspaß bis zur Mittelstation Kropfen. Ein Aufstieg zu Fuß ist leider nicht möglich, da es dafür nur die steile Skipiste gibt. Der Aufstieg zu Fuß ab Kropfen bis Kapell auf der Rodelbahn ist relativ lange, aber gut möglich.
Die ca. 5 km lange Naturrodelbahn befindet sich mitten im Skigebiet Silvretta Montafon am Hochjoch. Die Rodelbahn ist leicht zu befahren und garantiert jede Menge Spaß für die ganze Familie und jeden Sportbegeisterten und ist meist in sehr gutem Zustand.

Für diese Rodelstrecke sind tagsüber die regulären Skipässe, Saison- bzw. Jahreskarten für die Benützung der Bergbahn Hochjoch gültig.

Streckenbeschreibung: Das Rodelvergnügen startet an der Bergstation Kapell. Vorbei am Kapellrestaurant sind es wenige Meter und dann geht´s links auf dem Güterweg unterhalb der Liftgebäude bergab. Nun erwarten dich fünf langgezogene Serpentinen, stets auf einer relativ einfachen Strecke bis zur Mittelstation Kropfen.
Mit der Hochjochbahn kann man wieder zum Startpunkt hinauffahren.

Video

23. Alpengasthaus Rellseck

🌐	Ort	Bartholomäberg	♥	Erlebnis	★ ★ ★ ★ ☆	
⚏	Start	Parkplatz Kirche	🔭	Landschaft	★ ★ ★ ★ ☆	
📍	Ziel	Alpengasthaus Rellseck	👍	Kondition	★ ★ ★ ☆ ☆	
⚙	Niveau	leicht	❄	Winterwandern	★ ★ ★ ★ ★	
⏱	Gesamtzeit	2.5 Std.	🐾	Schneeschuhe	★ ★ ★ ★ ★	
→	Distanz	11 km	🚴	Winterbiken	★ ★ ★ ☆ ☆	
📍	Höchster Punkt	1.480 m	🧍	Kindertauglich	★ ★ ★ ★ ☆	
⛰	Auf- / Abfahrt	⬆ 420 Hm ⬇ 420 Hm	📈	Steigung im Ø	flach 8%	
📅	Jahreszeit	Dezember – März	🍴	Einkehr	Alpengasthaus Rellseck	
⌖	Exposition	Südost	📱	Telefon	+43 5556 73 117	
ℹ	Strecke	Forststraße (teils Asphalt)	ℯ	Internet	www.hotel-bergerhof.at	

📍 1.480 m

📍 1.060 m

GPX+Infos unter: www.
tourenspuren.at/post/
alpengasthaus-rellseck-1

Start: Parkplatz neben der Kirche am großen Parkplatz

© Foto: Stefan Kothner

Das Alpengasthaus Rellseck liegt auf 1.487 Metern Seehöhe oberhalb von Bartholomäberg im Montafon. Direkt hier ist der Startpunkt dieser Familienrodeltour. Der Ausblick auf die Vandanser Steinwand, Vandans und den gesamten Walgau bis zu den Schweizer Bergen ist einfach herrlich. Im Sommer wie im Winter bist du hier bei feiner Küche im Rellseck bestens aufgehoben. Dank Skidoos, zahlreicher Wanderer und Schneeschuhgängern ist die Strecke meist gut zu befahren.

Streckenbeschreibung: Bei der Kirche in Bartholomäberg auf 1.087 Meter Seehöhe findest du mit deinem Auto stets einen passenden Parkplatz.

Links neben dem Gemeindeamt bringt dich der gut ausgeschilderte Wanderweg bergauf bis zum Rellseck. Es gibt mehrere Wegmöglichkeiten, du gehst links den etwas steileren Lindaweg (Forststraße / Wanderweg). Der ist deutlich kürzer und kommt oben wieder auf die Rodelstrecke (rechts ist es flacher, auch möglich). Die Strecke ist nicht besonders steil und hat nur wenige enge Kurven. Die Bahn endet bei einem Bauernhof, von dem man durch die oberen Ortsteile von Bartholomäberg wieder hinunter zur Kirche spaziert.

 Video

24. Garfrescha-Nachtrodelbahn

🌐 Ort	Garfrescha	♥ Erlebnis	★ ★ ★ ★ ★
⚟ Start	Garfreschabahn Talstation	🔭 Landschaft	★ ★ ★ ☆ ☆
📍 Ziel	Garfreschabahn Berg	👍 Kondition	★ ★ ☆ ☆ ☆
🐞 Niveau	mittel	❄ Winterwandern	★ ★ ★ ★ ☆
🕐 Gesamtzeit	2.5 Std.	🐾 Schneeschuhe	★ ★ ★ ☆ ☆
→ Distanz	11 km	🚲 Winterbiken	★ ★ ☆ ☆ ☆
📍 Höchster Punkt	1.490 m	🧍 Kindertauglich	★ ★ ★ ★ ☆
🏔 Auf- / Abfahrt	⬆ 620 Hm ⬇ 620 Hm	📈 Steigung im Ø	mittelsteil 11.5%
📅 Jahreszeit	Dezember – März	🍴 Einkehr	Brunellawirt
🧭 Exposition	Nordost	📱 Telefon	+43 5557 22210
ℹ Strecke	Forststraße (teils Asphalt)	𝑒 Internet	www.brunellawirt.at

📍 1.490 m

📍 870 m

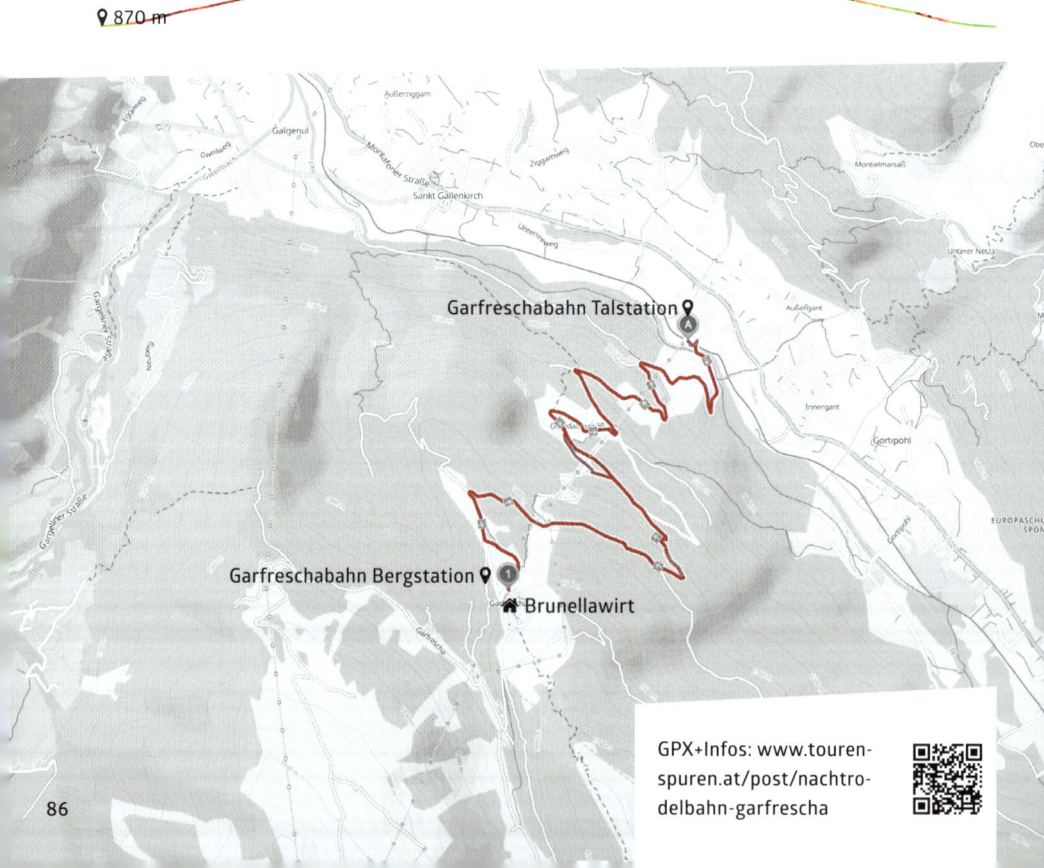

GPX+Infos: www.touren-
spuren.at/post/nachtro-
delbahn-garfrescha

Start: Kostenloser Parkplatz an der Garfreschabahn

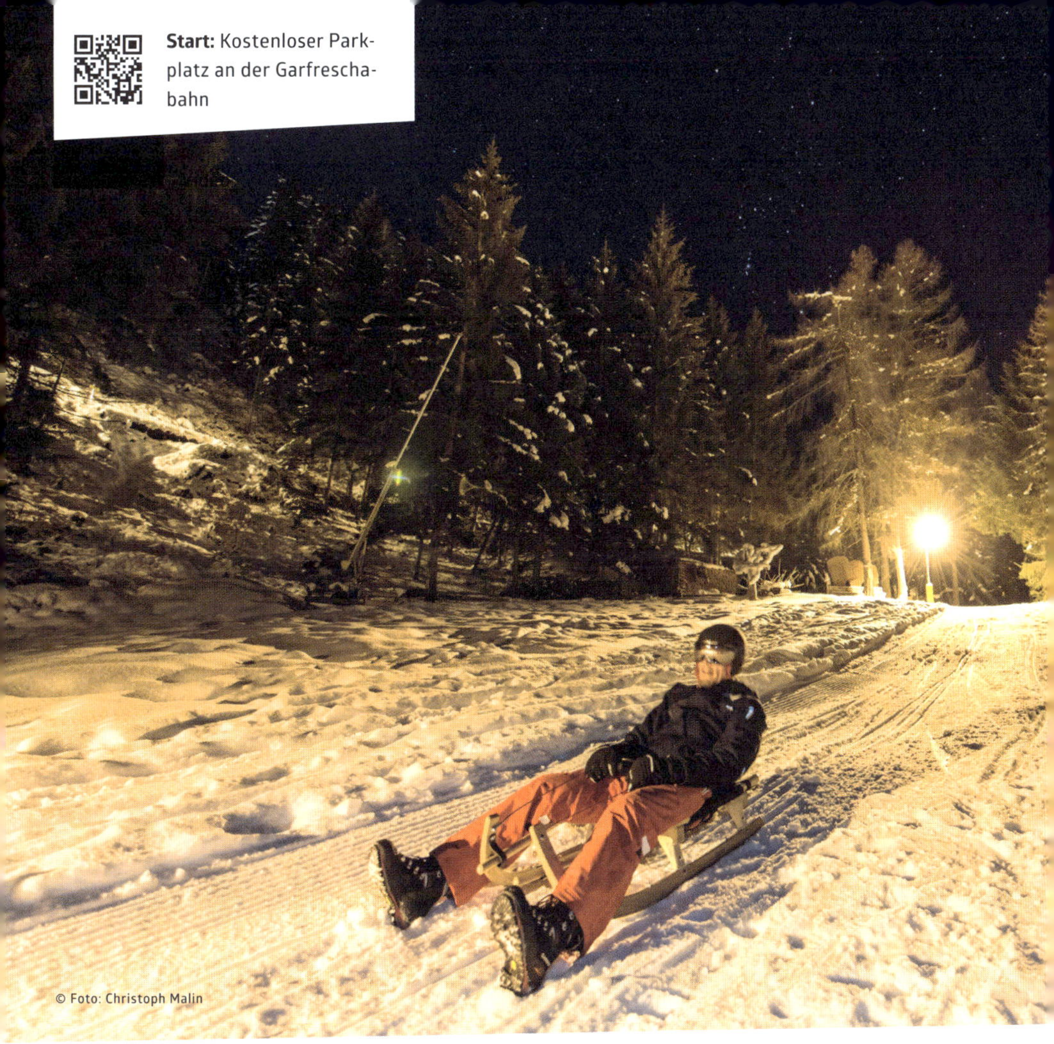

© Foto: Christoph Malin

Definitiv ein Vorarlberger Rodelhighlight der besonderen Art. Von der Bergstation Garfreschabahn gehts auf rasanten Kuven und bestens präparierter und beleuchteter Strecke via Grandau bis zur Talstation Garfreschabahn. Ein Garant für Gruppengaudi und Nachtrodelspaß. Denn hier ist mit 5,5 km und 570 Hm die längste beleuchtete Nachtrodelbahn Vorarlbergs.
Die Nachtrodelbahn ist täglich ab 17 Uhr bei entsprechender Schneelage geöffnet. Hauptsächlich entlang der Skipiste verläuft die Rodelstrecke ins Tal. Rodeln ist tagsüber aus Sicherheitsgründen wegen des Skibetriebs nicht erlaubt.
Rodelverleih: Intersport Rodelhüsli (Talstation Garfreschabahn).

Streckenbeschreibung: Die Rodelbahn schlängelt sich von der Bergstation Garfreschabahn über die Maisäßsiedlung Grandau zur Talstation Garfreschabahn in St. Gallenkirch-Gortipohl. Direkt ab der Bergstation nach rechts zwischen den Gebäuden Richtung Skipiste zur gut beschilderten Rodelbahn. Für das Nachtrodeln sind die Montafon Brandnertal Card – Mehrtageskarte, Saison- bzw. Jahreskarten ungültig. Tickets gibt´s an der Kassa der Garfreschabahn. Eine Reservierung fürs „Apre-Rodeln" im Brundellawirt ist von Vorteil.

Video

25. Silvrettasee

🌐	Ort	Bielerhöhe		♥	Erlebnis	★	★	★	★	☆
⌖	Start	Silvrettalift Oben		🔭	Landschaft	★	★	★	★	☆
📍	Ziel	Silvrettalift Unten		👍	Kondition	★	★	☆	☆	☆
🏵	Niveau	leicht		❄	Winterwandern	★	★	★	☆	☆
⏱	Gesamtzeit	1 Std.		🐾	Schneeschuhe	★	★	★	☆	☆
→	Distanz	2 km		🚲	Winterbiken	☆	☆	☆	☆	☆
📍	Höchster Punkt	2.070 m		🧍	Kindertauglich	★	★	★	★	☆
🏔	Auf- / Abfahrt	⬆ 100 Hm ⬇ 100 Hm		📈	Steigung im Ø	mittelsteil 11.5%				
🗓	Jahreszeit	Dezember – April		🍴	Einkehr	Silvretta Haus				
⊙	Exposition	Nordost		📱	Telefon	+43 5558 4246				
❶	Strecke	Präparierte Piste		𝑒	Internet	tinyurl.com/f439rh5t				

📍 2.070 m

📍 1.970 m

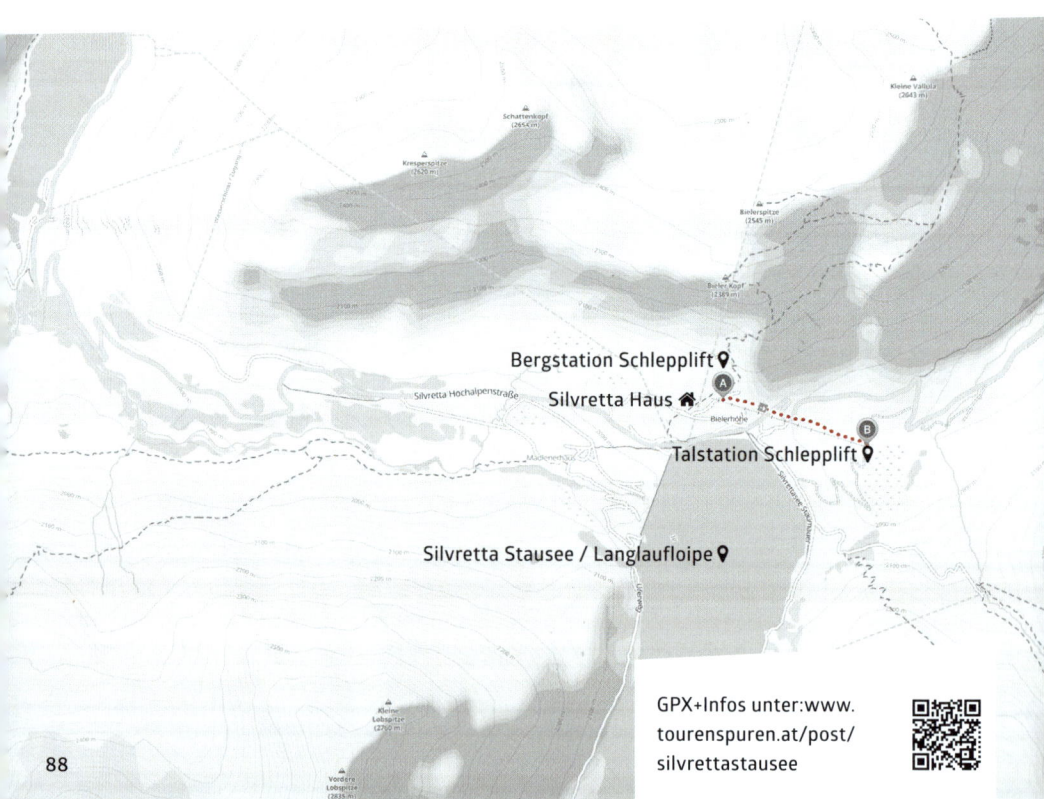

Bergstation Schlepplift 📍
Silvretta Haus 🏠
(A)
Talstation Schlepplift 📍
(B)

Silvretta Stausee / Langlaufloipe 📍

GPX+Infos unter:www.
tourenspuren.at/post/
silvrettastausee

Start: Parkplatz an der Vermuntbahn in Partenen

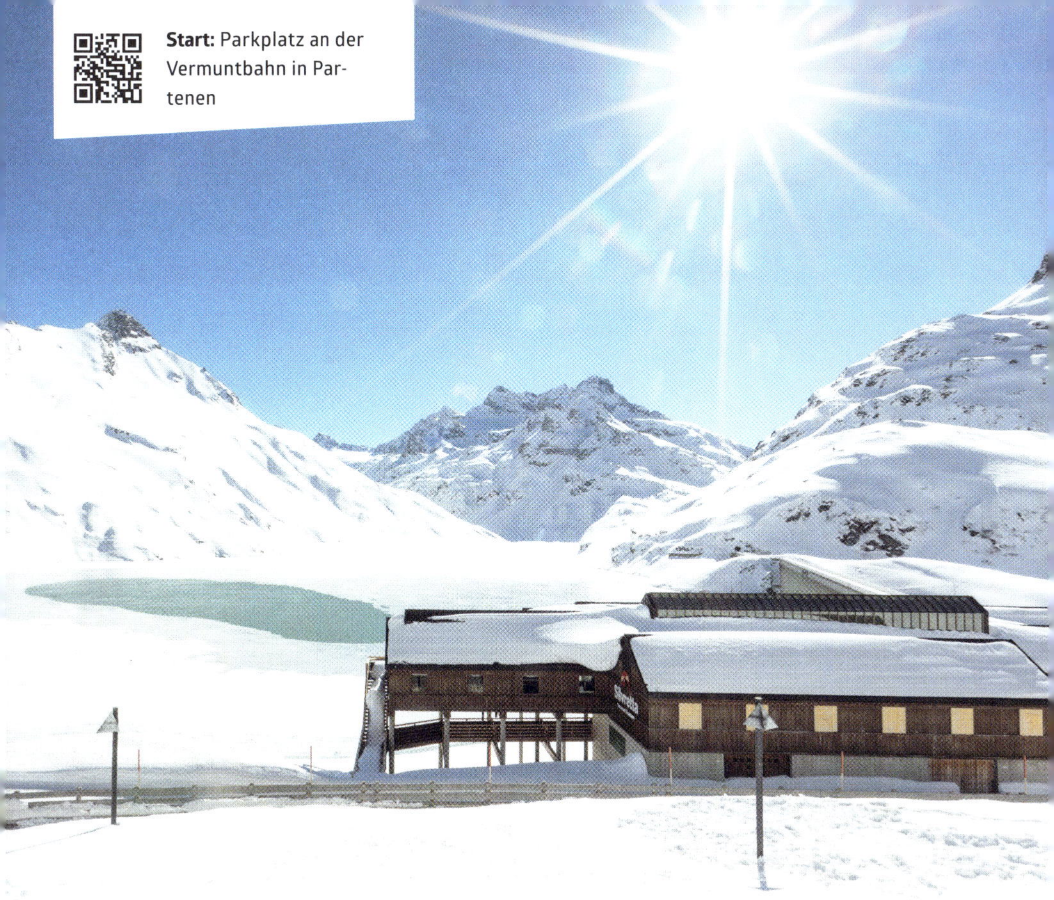

© Foto: Stefan Kothner

Eine wichtige Vorabinfo zu diesem unvergesslichen Rodelspaß: Die Rodelbahn ist leider nur mit Verleih-Rodel befahrbar! Diese sind jedoch direkt vor Ort erhältlich.

Die knapp 1 km lange Rodelbahn, in unmittelbarer Umgebung der hochalpinen Silvretta sowie den höchsten Bergen Vorarlbergs ein unvergessliches Erlebnis bereitet.
Rodeln im Gebirgszug Silvretta. Was sich nach einem waghalsigen Unterfangen anhört, entpuppt sich bald zu einer herrlichen Rodelpartie. Die Rodelstrecke am Silvrettasee verläuft an der Nordflanke des Skilifts Silvretta bei Blickrichtung Galtür, die gleichzeitig auch deine Rodelrichtung ist.

Streckenbeschreibung: Der Skilift ist dein Spaßbringer, den du vermutlich einige Male in Anspruch nehmen wirst. Damit kannst du perfekt den Transport zum Startpunkt nach oben genießen. Am Skilift Silvretta befindet sich eine spezielle Vorrichtung zum Befördern der Rodel. Die Strecke führt unmittelbar neben dem Schlepplift entlang. Diese Vorrichtung ist nur kompatibel mit dem Verleihrodel des Silvretta Haus*** und dem Berggasthof Piz Buin. Deswegen darf nur mit Verleih-Rodel die Strecke befahren werden. Beide Rodel-Verleihe befinden sich direkt vor Ort.

Video

26. Oberlech

🌐	Ort	Lech	♥	Erlebnis	★ ★ ★ ★ ☆	
✚	Start	Talstation Oberlech	🔭	Landschaft	★ ★ ★ ★ ☆	
📍	Ziel	Bergstation Oberlech	👍	Kondition	★ ★ ☆ ☆ ☆	
🚲	Niveau	leicht - mittel	❄	Winterwandern	★ ★ ★ ★ ★	
⏱	Gesamtzeit	1.5 Std.	🐾	Schneeschuhe	★ ★ ★ ★ ★	
→	Distanz	3.8 km	🚴	Winterbiken	☆ ☆ ☆ ☆ ☆	
📍	Höchster Punkt	1.640 m	🧍	Kindertauglich	★ ★ ★ ★ ☆	
🏔	Auf- / Abfahrt	⬆ 190 Hm ⬇ 190 Hm	📈	Steigung im Ø	mittelsteil 11%	
🗓	Jahreszeit	Jänner – April	🍴	Einkehr	Hotel Sonnenburg	
⊙	Exposition	Südost	☐	Telefon	+43 5583 2147	
ℹ	Strecke	Forststraße	𝑒	Internet	www.sonnenburg.at	

📍 1.640 m

📍 1.450 m

GPX+Infos unter: www. tourenspuren.at/post/ rodelbahn-oberlech

Start: Parkplatz Talstation Oberlech direkt im Skiort

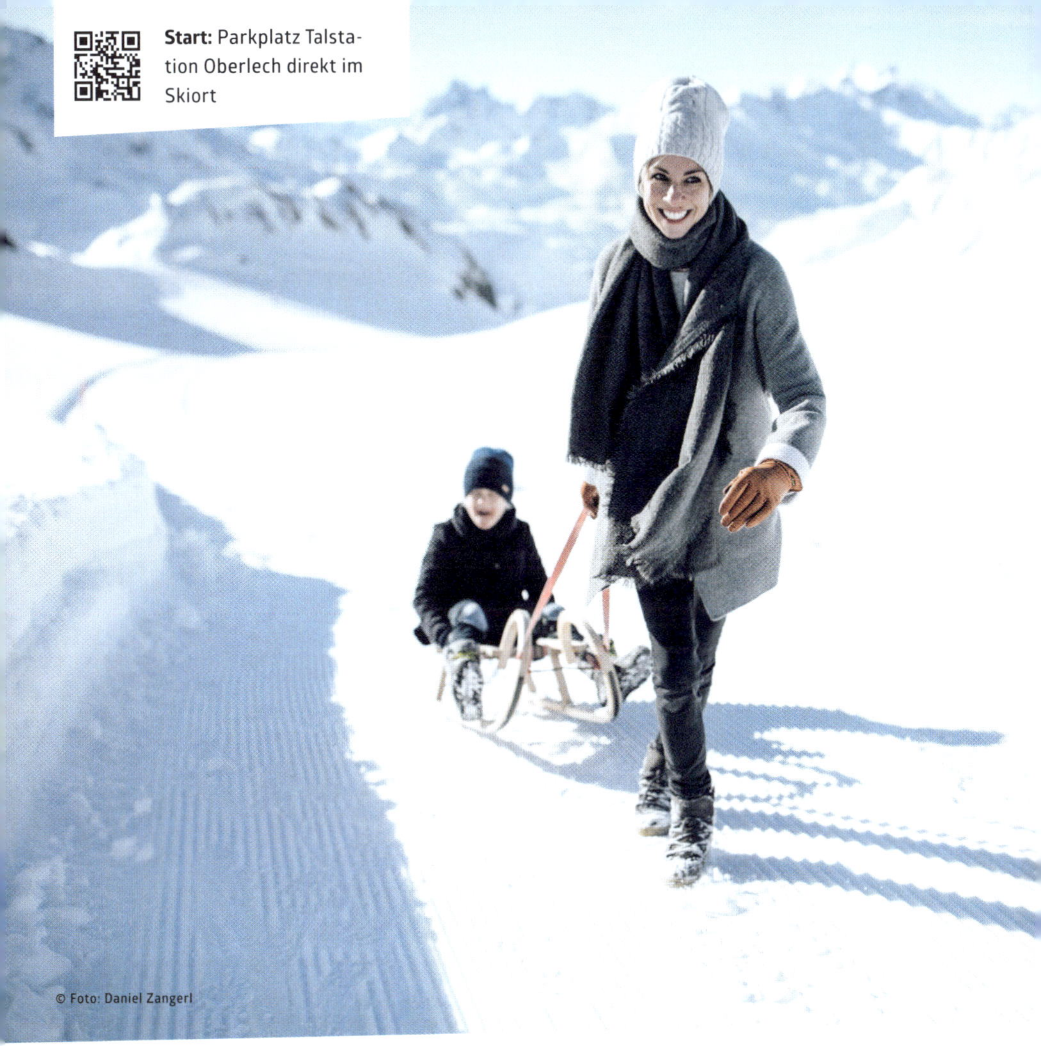

© Foto: Daniel Zangerl

Ein Riesenspaß für Jung und Alt auf der beschneiten und beleuchteten Rodelbahn von Oberlech bei Lech. Die spektakuläre Streckenführung sichert ein unvergessliches Rodelabenteuer für die ganze Familie. Bobs können bei der Bergbahn Oberlech oder in den Sportfachgeschäften ausgeliehen werden.

Nach dem Rodeln kann man sich den Restaurants in Lech mit warmen Getränken wieder aufwärmen.

Streckenbeschreibung: Mit der Bergbahn Oberlech geht es bis zur Bergstation. Von der Bergstation Oberlech aus ist die Rodelbahn schon gut erkennbar. Die knapp 1,1 Kilometer lange Rodelpiste führt direkt nach Lech und garantiert Spaß für die ganze Familie.
Alternativ kann man auch über den romantischen Winterwanderweg zum Start der Rodelpiste wandern. Diese Runde ist auch zum Winterwandern ohne Rodel in beide Richtungen bestens geeignet. (www.komoot.de/tour/350469199).

Video

27. Neuhornbachhaus

🌐	Ort	Schoppernau	♥	Erlebnis	★ ★ ★ ★ ☆
⌖	Start	Parkplatz Materialseilbahn	🔭	Landschaft	★ ★ ★ ★ ★
📍	Ziel	Neuhornbachhaus	👍	Kondition	★ ★ ★ ☆ ☆
🕸	Niveau	mittel	❄	Winterwandern	★ ★ ★ ★ ★
🕐	Gesamtzeit	3 Std.	🐾	Schneeschuhe	★ ★ ★ ★ ★
→	Distanz	10 km	🚲	Winterbiken	★ ☆ ☆ ☆ ☆
📍	Höchster Punkt	1.650 m	🧍	Kindertauglich	★ ★ ★ ★ ☆
🏔	Auf- / Abfahrt	⬆ 710 Hm ⬇ 710 Hm	📈	Steigung im Ø	mittelsteil 14.5%
🗓	Jahreszeit	Jänner – März	🍴	Einkehr	Neuhornbachhaus
⊚	Exposition	Südwest	☐	Telefon	+43 664 4255240
ⓘ	Strecke	Forststraße	℮	Internet	neuhornbachhaus.com

📍 1.650 m

📍 940 m

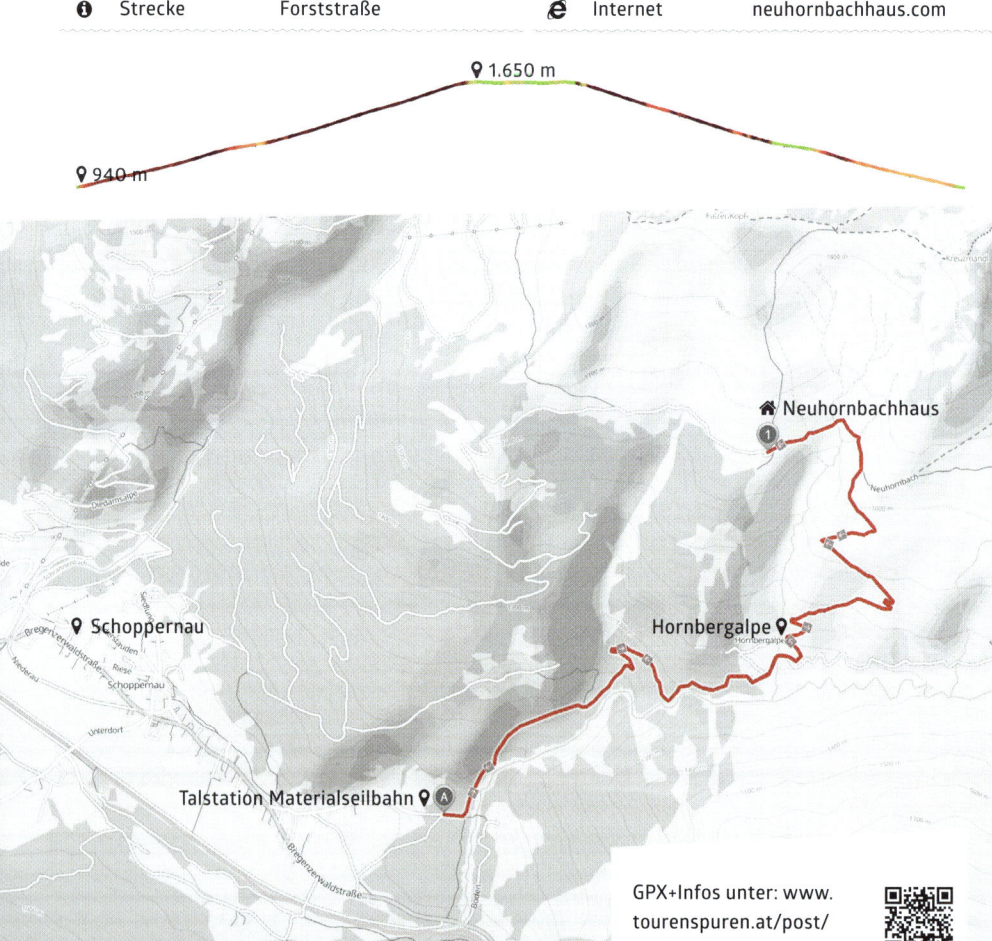

GPX+Infos unter: www.
tourenspuren.at/post/
neuhornbachhaus

Start: Parken an der Materialseilbahn in Schoppernau

© Foto: Christoph Malin

Es gibt viele schöne Rodelbahnen in der Region. Aber bei fast allen gibt es irgendeinen kleinen Haken. Es bleibt eigentlich nur eine, bei der wirklich alles stimmt: Die Bahn beim Neuhornbachhaus. Die ist einfach nur perfekt. Fast 800 Höhenmeter reines Rodelvergnügen. Die Bahn ist stets gut präpariert. Anfangs steigt man auf einem Güterweg durch den Wald hoch, der nur selten den Blick auf die umliegenden Berge freigibt. Aber sobald man diesen verlässt, befindet man sich in einem herrlichen Freiluftkino mit grandiosem Rundumblick. Im obersten Abschnitt gibt es dann auch kurze flache Abschnitte, auf denen man die Rodel bei der Abfahrt ziehen muss. Ansonsten geht es recht flott – manchmal sogar ordentlich steil – mit interessanten Kurven hinunter ins Tal. Wer die Rodel nicht die ganze Strecke hochschleppen will, kann sich eine im Neuhornbachhaus ausleihen. Man stellt ihn dann am Ende der Abfahrt einfach beim Parkplatz ab. Ein weiterer Pluspunkt dieser Bahn ist die Schneesicherheit. Eine ganz kleine Einschränkung gibt es aber doch noch: Bei prekärer Lawinensituation kann es sein, dass die Bahn gesperrt wird.

Streckenbeschreibung: Vom Parkplatz der Beschilderung folgend auf präpariertem Güterweg aufwärts zum Neuhornbachhaus.

28. Bergkristallhütte

🌐 Ort	Au		❤ Erlebnis	★ ★ ★ ★ ☆
⚑ Start	Talstation Grundholzlift		🔭 Landschaft	★ ★ ★ ★ ☆
🍴 Ziel	Bergkristallhütte		👍 Kondition	★ ★ ★ ☆ ☆
🕑 Niveau	mittel		❄ Winterwandern	★ ★ ★ ★ ★
🕐 Gesamtzeit	3 Std.		🐾 Schneeschuhe	★ ★ ★ ★ ☆
→ Distanz	12 km		🚲 Winterbiken	★ ★ ☆ ☆ ☆
📍 Höchster Punkt	1.250 m		🧍 Kindertauglich	★ ★ ★ ★ ☆
🏔 Auf- / Abfahrt	⬆ 470 Hm ⬇ 470 Hm		📈 Steigung im Ø	flach 8%
🗓 Jahreszeit	Jänner – April		🍴 Einkehr	Bergkristallhütte
⊚ Exposition	Nord		📱 Telefon	+43 664 180 84 82
ℹ Strecke	Forststraße		℮ Internet	bergkristallhuette.com

📍 1.250 m

📍 830 m

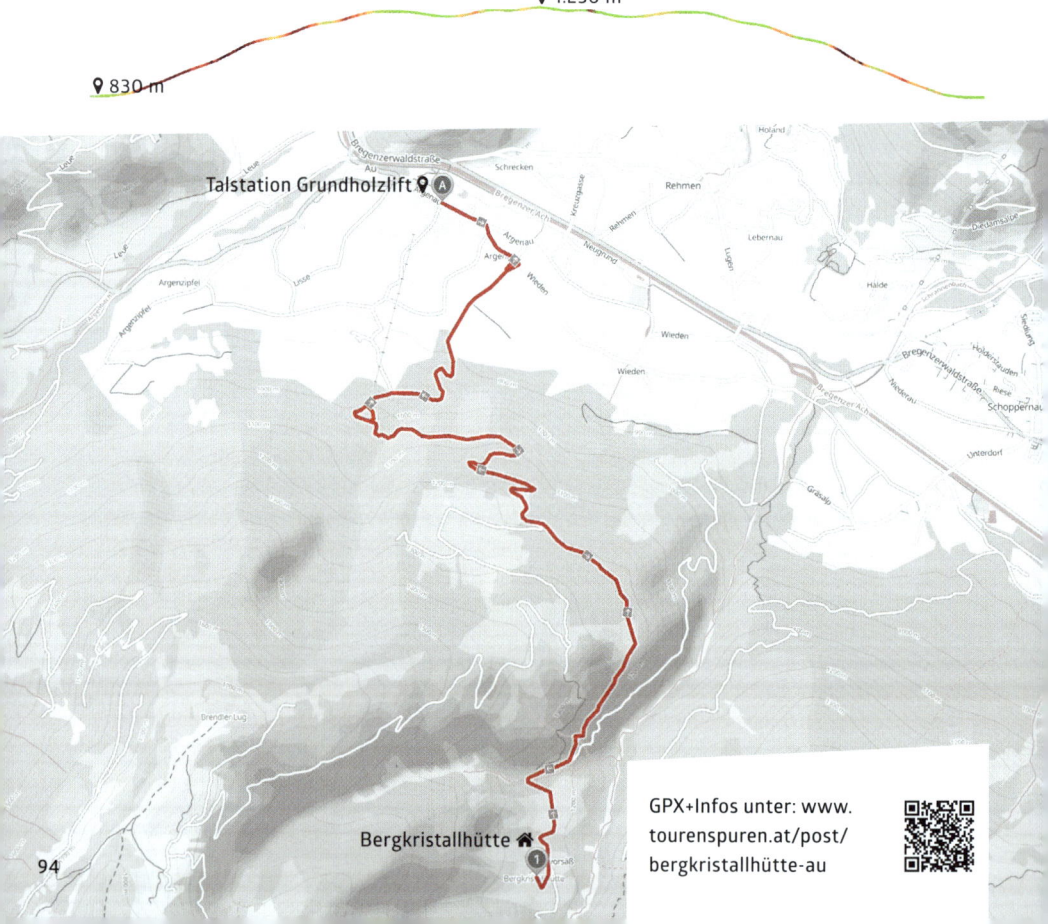

GPX+Infos unter: www.
tourenspuren.at/post/
bergkristallhütte-au

Start: Parken an der Talstation Grundholzlift in Au

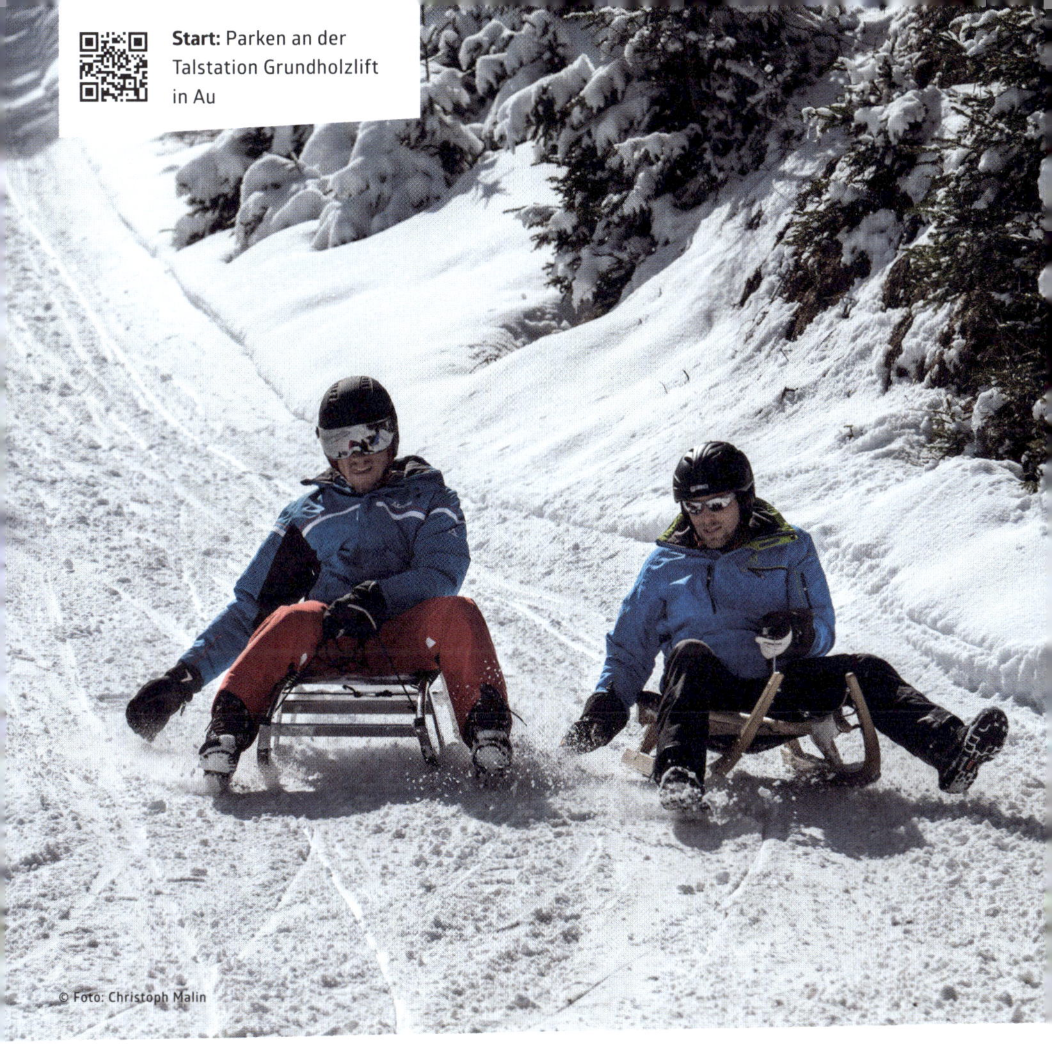

© Foto: Christoph Malin

Die Wanderung zur Bergkristallhütte wird in allen einschlägigen Führern und Internetseiten als Rodeltour „verkauft". Man findet bei der Hütte auch immer sehr viele Rodler. Eines ist ganz sicher: Die Bergkristallhütte liegt in einem wunderschönen Bergkessel und eine Wanderung dorthin, durch eine verschneite Winterlandschaft, ist ein einmaliges Erlebnis, das man sich nicht entgehen lassen sollte. Allerdings sollten Rodler wissen, dass es auf dieser Wanderung nur im ersten Abschnitt etwas zu rodeln gibt. Die letzte halbe Stunde des nun flachen Weges wird die Rodel – bis auf wenige Meter – sowohl auf dem Hin- als auch auf dem Rückweg ziehen müssen.
Die Rodelstrecke selbst ist dann aber auch wirklich schön – nicht allzu steil, aber mit interessanten Kurven und immer gut präpariert.

Streckenbeschreibung: Vom Parkplatz zur Talstation des Grundholzlifts auf gegenüberliegender Straßenseite. Auf der Piste aufwärts, an der Bergstation vorbei in den Wald, wo man auf einen Güterweg trifft. Auf diesem nun rechts aufwärts bis zur Hütte gehen.

Video

29. Uga Express

🌐	Ort	Damüls	❤️ Erlebnis	★ ★ ★ ★ ☆
⚏	Start	Bergstation Uga Express	🔭 Landschaft	★ ★ ★ ★ ☆
📍	Ziel	Talstation Uga Express	👍 Kondition	★ ☆ ☆ ☆ ☆
🎚	Niveau	leicht - mittel	❄️ Winterwandern	★ ★ ★ ★ ★
🕐	Gesamtzeit	2.5 Std.	🐾 Schneeschuhe	★ ★ ★ ★ ★
→	Distanz	9.5 km	🚲 Winterbiken	★ ★ ★ ★ ★
📍	Höchster Punkt	1.820 m	🧍 Kindertauglich	★ ★ ★ ★ ★
🏔	Auf- / Abfahrt	⬆ 440 Hm ⬇ 440 Hm	📈 Steigung im Ø	flach 10%
🗓	Jahreszeit	Jänner – März	🍴 Einkehr	Elsenalpstube
⊘	Exposition	Süd	📱 Telefon	+43 5510 297
ℹ️	Strecke	Forststraße	🅴 Internet	www.elsenalpstube.at

📍 1.820 m

📍 780 m.

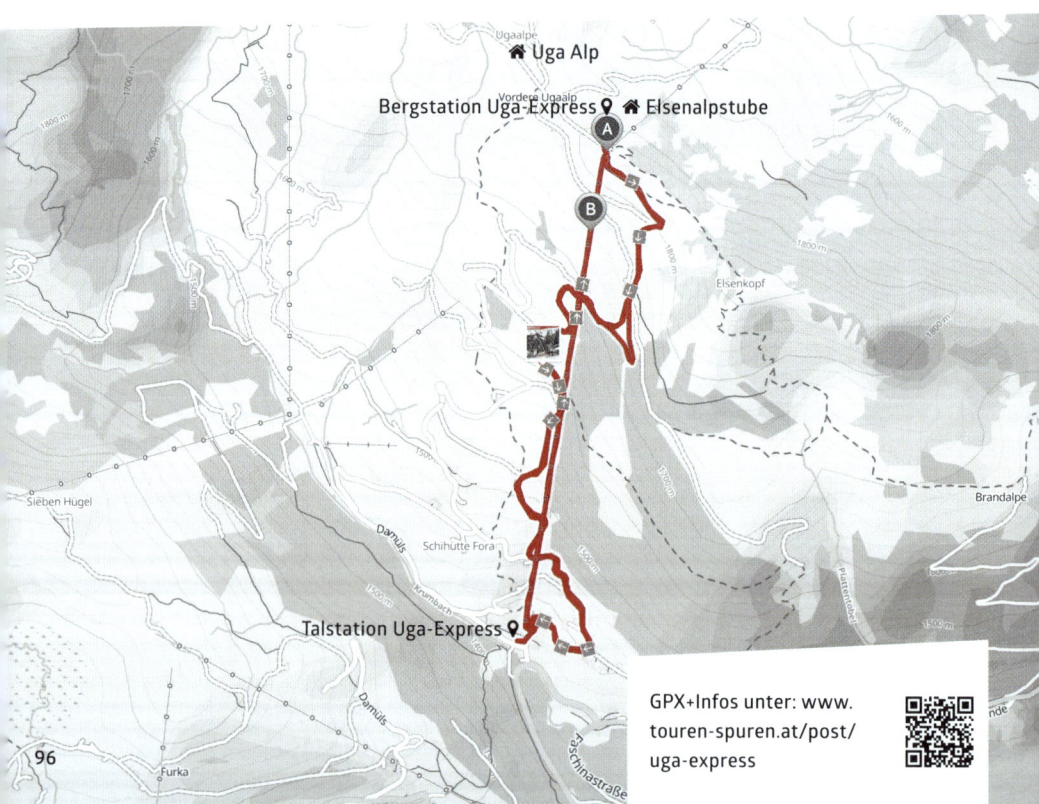

Uga Alp
Bergstation Uga-Express 🏠 Elsenalpstube
Ⓐ
Ⓑ

Talstation Uga-Express 📍

GPX+Infos unter: www.
touren-spuren.at/post/
uga-express

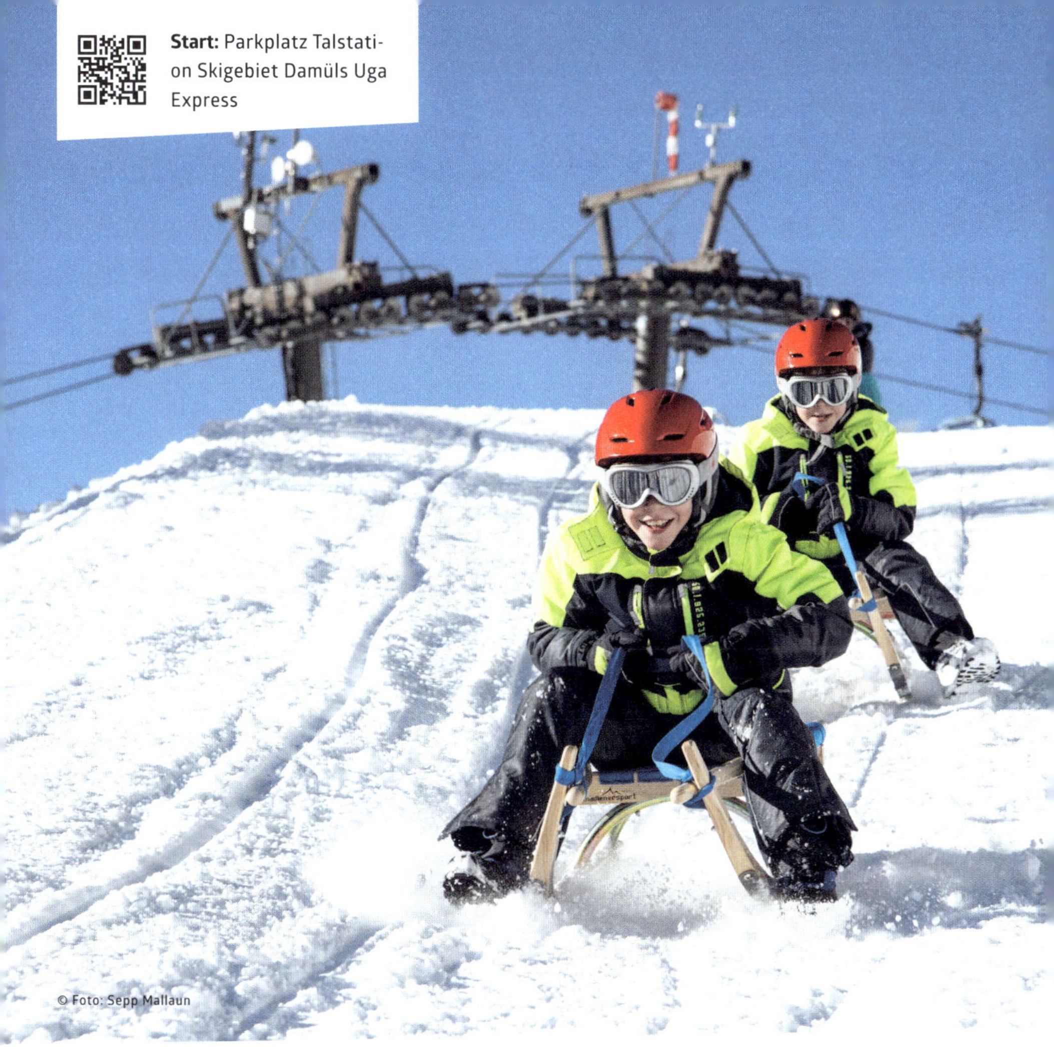

© Foto: Sepp Mallaun

Mit der Landbus Linie 77 und 43 gelangst du direkt zur Haltestelle Uga-Express und von dort mit wenigen Schritten zur Talstation Uga-Express.

Der Startpunkt der beliebten Rodelbahn in Damüls ist bequem und einfach mit dem Uga-Express erreichbar und bietet Spaß und Action für die ganze Familie. Während des Tages ist der Uga-Express mit jeder gültigen Liftkarte benutzbar. Das Nachtrodeln findet bei Flutlicht jeden Mittwoch und Freitag von 19:30 bis 21:30 Uhr statt. Das Nachtrodeln ist nicht in Tages-/Mehrtages-/Saisonkarten inkludiert. Es werden gesonderte Abendkarten angeboten. Bitte beachte den Pistenstatus und Schneebericht.

Streckenbeschreibung: Die Auffahrt erfolgt mit dem Uga-Express direkt in Damüls. Der Start der Rodelbahn befindet sich rechts neben der Bergstation, direkt unterhalb des Berggasthauses Elsenalpstube. Die Rodelbahn führt ab hier immer unterhalb des Sesselliftes Richtung Tal.

Aufgrund von zwei steileren Abschnitten sollten kleine Kinder nur in Begleitung von Erwachsenen rodeln.

 Video

30. Baumgartenalpe

⊕	Ort	Bezau	♥	Erlebnis	★ ★ ★ ★ ☆
⇥	Start	Parkplatz Seilbahn	🔭	Landschaft	★ ★ ★ ★ ☆
⚑	Ziel	Panoramarestaurant	👍	Kondition	★ ★ ★ ☆ ☆
⏱	Niveau	leicht - mittel	❄	Winterwandern	★ ★ ★ ★ ★
⏱	Gesamtzeit	3 Std.	🐾	Schneeschuhe	★ ★ ★ ★ ☆
→	Distanz	11 km	🚲	Winterbiken	★ ☆ ☆ ☆ ☆
⚑	Höchster Punkt	1.600 m	🧍	Kindertauglich	★ ★ ★ ★ ☆
🏔	Auf- / Abfahrt	⬆ 890 Hm ⬇ 890 Hm	📈	Steigung im Ø	mittelsteil 11%
📅	Jahreszeit	Jänner – April	🍴	Einkehr	Panoramarestaurant
◎	Exposition	Südost	📱	Telefon	+43 5514 22 547
❶	Strecke	Forststraße	℮	Internet	www.seilbahn-bezau.at

⚑ 1.600 m

⚑ 790 m

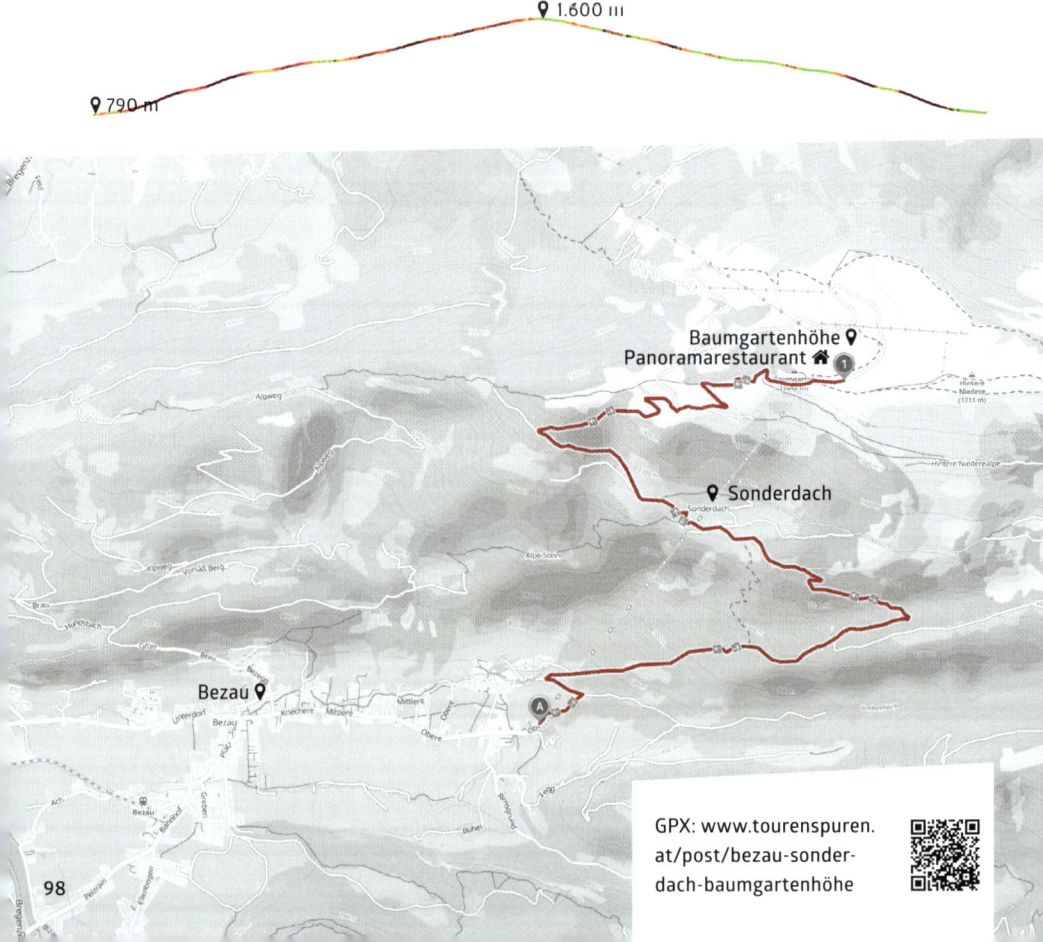

GPX: www.tourenspuren.
at/post/bezau-sonder-
dach-baumgartenhöhe

Start: Parkplatz direkt an der Seilbahn Bezau Talstation

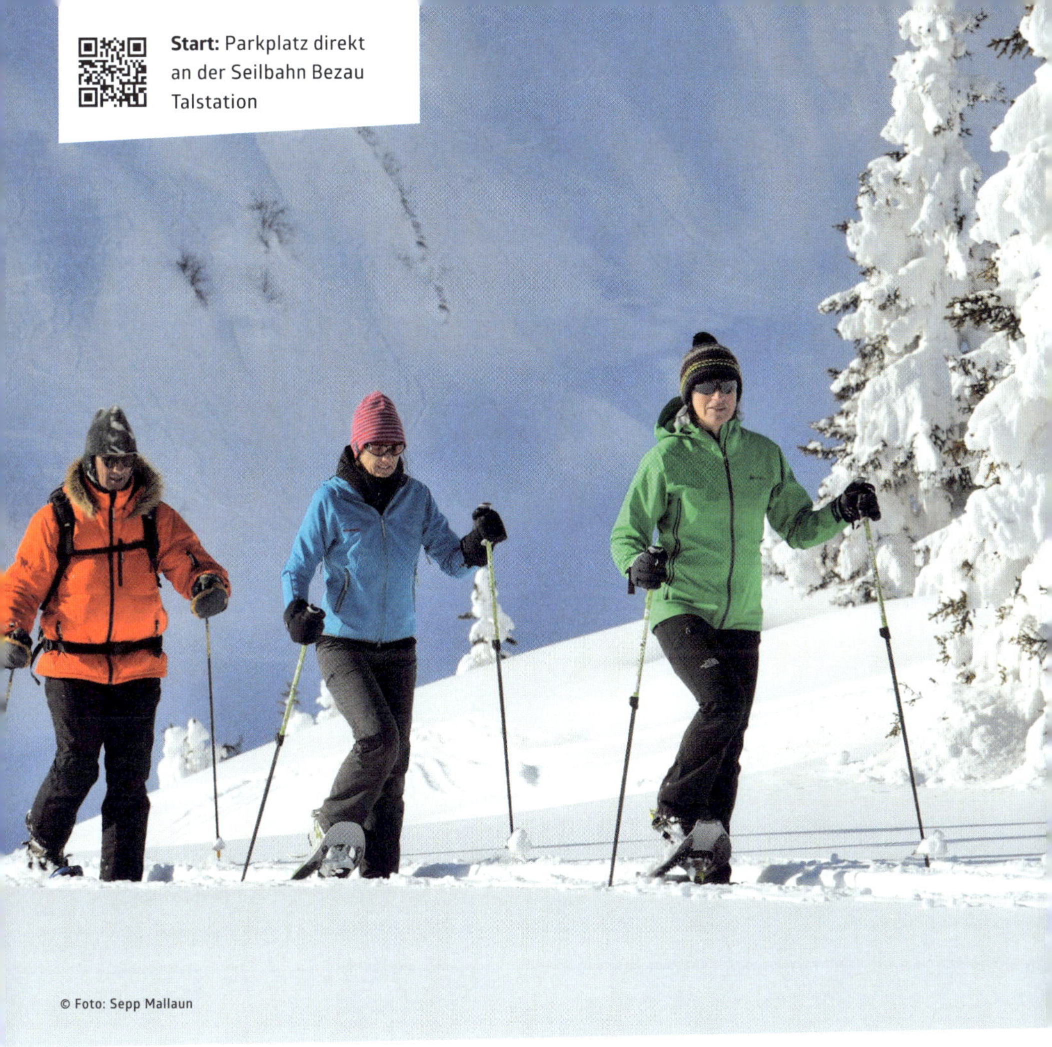

© Foto: Sepp Mallaun

Diese Rodelstrecke kann in zwei selbständige Abschnitte unterteilt werden. Der erste Teil von Bezau zum Sonderdach ist stellenweise steil und bei eisiger Fahrbahn gefährlich. Der zweite Abschnitt vom Sonderdach zur Baumgartenhöhe ist eine gemütliche, aber interessante Familienrodelpiste. Sie wird regelmäßig mit Pistenwalzen präpariert und ist somit meist in gutem Zustand. Nur wenige gehen die lange Strecke von Bezau zur Baumgartenhöhe zu Fuß hoch. Die meisten benutzen die Bahn. Zwischen der Mittelstation Sonderdach und Baumgartenhöhe sind wegen dieser einfachen Aufstiegsmöglichkeit meist viele Rodler unterwegs.

Da man mit einer Gondelbahn hochfährt, kommen oft mehrere Rodler gleichzeitig bei der Bergstation an, die dann auch alle zur selben Zeit losfahren. Fazit: Ein perfektes Rodelvergnügen!

Streckenbeschreibung: Vom Parkplatz an der Seilbahn Bezau vorbei aufwärts Richtung Sonderdach. Nach wenigen Metern zweigt der beschilderte Weg links ab und man quert zum Güterweg bis Sonderdach. Am Sonderdach unter der Bahn durch und auf breiter, ausgeschilderter Rodelstrecke hoch zur Baumgartenhöhe gehen.

Video

31. Fegg

🌐	Ort	Bezau		♥	Erlebnis	★	★	★	☆	☆
⚏	Start	Parkplatz Seilbahn		🔭	Landschaft	★	★	★	☆	☆
📍	Ziel	Fegg ca. 1000 Hm		👍	Kondition	★	★	☆	☆	☆
🔢	Niveau	leicht		❄	Winterwandern	★	★	★	★	☆
⏱	Gesamtzeit	1.5 Std.		🐾	Schneeschuhe	★	★	★	☆	☆
→	Distanz	11 km		🚲	Winterbiken	★	☆	☆	☆	☆
📍	Höchster Punkt	970 m		🧍	Kindertauglich	★	★	★	★	☆
🏔	Auf- / Abfahrt	⬆ 280 Hm ⬇ 280 Hm		📈	Steigung im Ø	flach 9%				
🗓	Jahreszeit	Jänner – April		🍴	Einkehr	Café Wisawi				
⊙	Exposition	West		📱	Telefon	+43 664 408 56 52				
ℹ	Strecke	Forststraße		℮	Internet	www.wisawi.at				

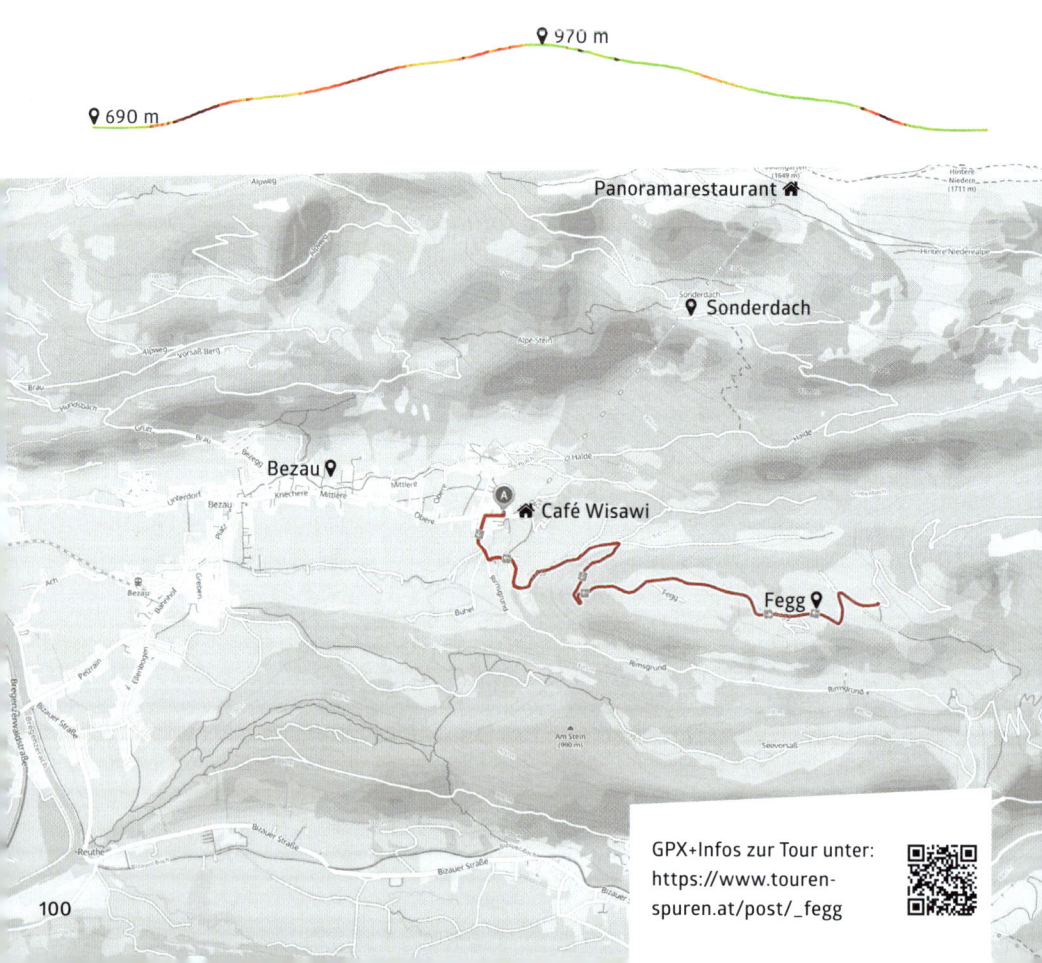

GPX+Infos zur Tour unter:
https://www.touren-
spuren.at/post/_fegg

Start: Parkplatz direkt an der Seilbahn Bezau Talstation

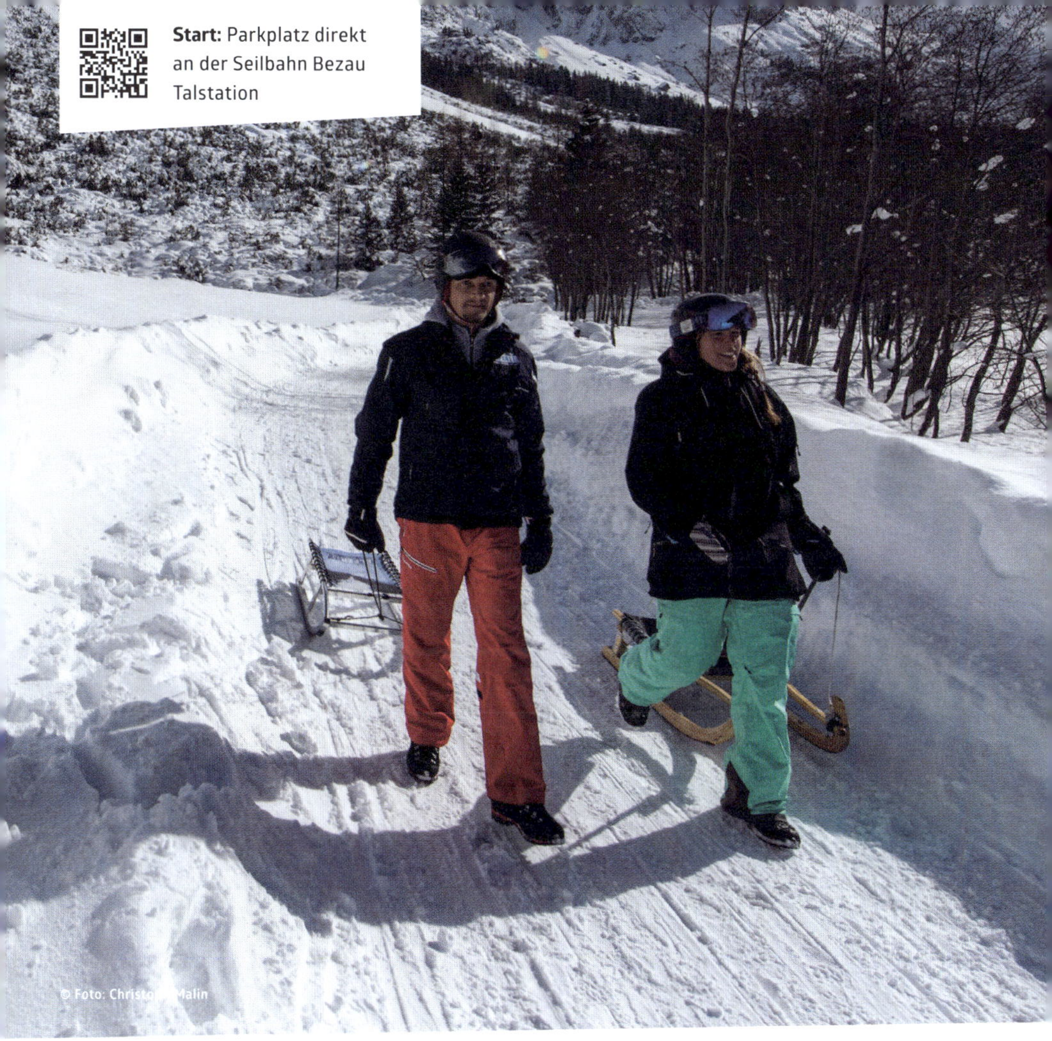

© Foto: Christo Malin

Die Charakteristik der Rodelbahn „Fegg“ ist rundum sympathisch. Sie ist von den drei Rodelstrecken in Bezau die unbekannteste und somit auch die ruhigste. Der „No-Name“ führt im unteren Abschnitt durch waldiges Gebiet und danach an alten Bregenzerwälder Häusern vorbei in ein sonniges, ruhiges und schönes Hochtal. Sie bietet einen schönen Blick auf die Berge des Bregenzerwaldes, besonders auf die Kanisfluh. Im oberen Teil gibt es ein kurzes Flachstück, in dem man die Rodel ziehen muss.

Streckenbeschreibung: Parken kannst du am besten am Parkplatz bei der Bergbahn Bezau. Von dort führt ein Weg über eine kleine Brücke. Vor dem letzten Haus am Hang biegt man in einen schmalen Pfad ein und folgt der gelb-weißen Beschilderung nach Fegg. Nach ca. 250 m kommt man auf den Güterweg, den eigentlichen Beginn der Rodelbahn. Auf knapp 1000 m endet die Bahn normalerweise bei einem Haus, manchmal kannst du auch nocht etwas höher in Richtung Stennalpe aufsteigen. Eine bewirtschaftete Hütte für Rodler gibt es nicht. Eine gute Einkehrmöglichkeit ist das Café Wisawi bei der Talstation der Bergbahn.

Video

32. Alpengasthof Brüggele

@	Ort	Alberschwende	♥	Erlebnis	★ ★ ★ ★ ☆
⚎	Start	Alberschwende Tannen	🔭	Landschaft	★ ★ ★ ★ ☆
📍	Ziel	Alpengasthof Brüggele	👍	Kondition	★ ★ ☆ ☆ ☆
🎛	Niveau	leicht - mittel	❄	Winterwandern	★ ★ ★ ★ ★
🕐	Gesamtzeit	2.5 Std.	🐾	Schneeschuhe	★ ★ ★ ★ ★
→	Distanz	6.5 km	🚲	Winterbiken	★ ★ ☆ ☆ ☆
📍	Höchster Punkt	1.160 m	🧍	Kindertauglich	★ ★ ★ ★ ☆
🏔	Auf- / Abfahrt	⬆ 350 Hm ⬇ 350 Hm	📈	Steigung im Ø	mittelsteil 11%
🗓	Jahreszeit	Jänner – April	🍴	Einkehr	Alpengasthof Brüggele
⊚	Exposition	Nordost	☐	Telefon	+43 664 975 08 55
❶	Strecke	Forststraße	e	Internet	www.alpengasthof.com

📍 1.160 m

📍 810 m

GPX+Infos zur Tour unter:
www.tourenspuren.at/
post/brüggelekopf-1

Start: Parken an der Talstation beim Tannberglift

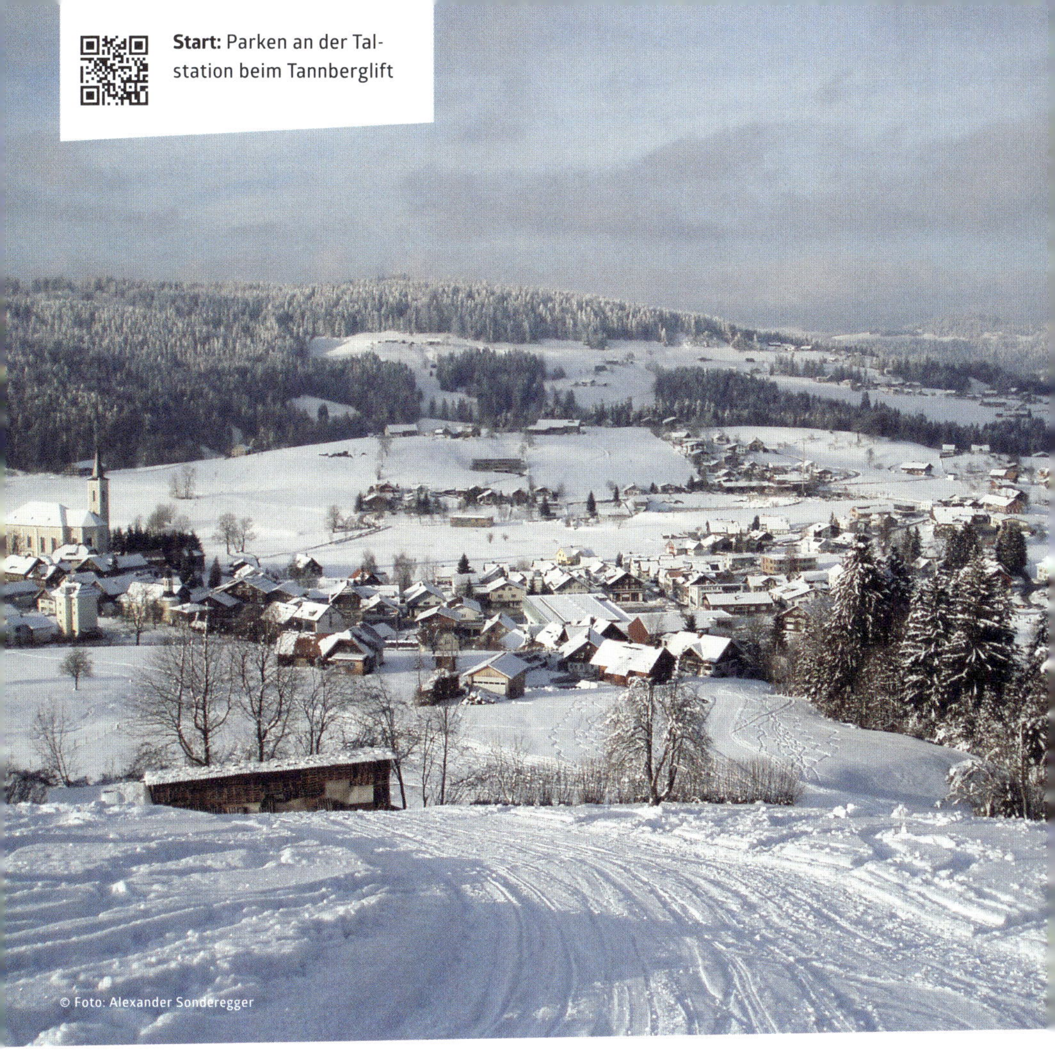

© Foto: Alexander Sonderegger

Die perfekte Tour für die Genießer unter den Rodlern: wunderschöne Landschaft mit herrlichen Ausblicken über den Bregenzerwald, ein nur mäßig steiler Anstieg, sodass man diese Fernblicke während des Aufstiegs auch wirklich genießen kann, ein gemütliches Gasthaus am „Gipfel“ und obendrein ein rühriger Wirt, der darauf schaut, dass die Piste stets gut präpariert ist.
Hinter dem Alpengasthaus kann man mit ein paar Schritten sogar noch den Brüggelekopf (1182 m), einen richtigen Gipfel mit Gipfelkreuz, besteigen. Da das Alpengasthaus unmittelbar am Brüggelekopf Sessellift liegt, kann man auch bequem mit der Bahn hochfahren. Vom Skibetrieb am Brüggelekopflift merkt man als Rodler ansonsten nichts, da die Pisten auf der anderen Hangseite verlaufen. Erst im untersten Teil quert man kurz die Piste des Tannberglifts.

Streckenbeschreibung: Etwas außerhalb von Alberschwende, nach dem Autohaus Beck zweigt eine Nebenstraße Richtung Alpengasthaus Brüggelekopflift ab. Der Weg ist als Winterwanderweg ausgeschildert. Diese Abzweigung ist der Ausgangspunkt. Von hier etwa 500 m auf der Straße aufwärts zu einem Wegkreuz, bei dem es rechts hoch geht, wo die Rodelstrecke beginnt.

Video

33. Lustenauer Hütte

🌐	Ort	Schwarzenberg	❤	Erlebnis	★	★	★	★	☆
⚎	Start	Angelika Kauffmann Saal	🔭	Landschaft	★	★	★	★	☆
📍	Ziel	Lustenauer Hütte	👍	Kondition	★	★	★	☆	☆
🕑	Niveau	leicht - mittel	❄	Winterwandern	★	★	★	★	★
⏱	Gesamtzeit	2.5 Std.	🐾	Schneeschuhe	★	★	★	★	★
→	Distanz	8.8 km	🚲	Winterbiken	★	★	☆	☆	☆
📍	Höchster Punkt	1.250 m	🧍	Kindertauglich	★	★	★	☆	☆
🏔	Auf- / Abfahrt	⬆ 580 Hm ⬇ 130 Hm	📈	Steigung im Ø	flach - mittelsteil 12%				
📅	Jahreszeit	Jänner – April	🍴	Einkehr	Lustenauer Hütte				
⊚	Exposition	Südwest	📱	Telefon	+43 5512 49 13				
❶	Strecke	Forststraße	𝑒	Internet	www.lustenauer-huette.at				

📍 1.250 m

📍 700 m

GPX+Infos zur Tour unter:
www.tourenspuren.at/
post/lustenauer-hütte-1

Start: Parkplatz Angelika Kauffmann Saal Schwarzenberg

© Foto: Alexander Sonderegger

Die Rodeltour von der Lustenauer Hütte hinab nach Schwarzenberg hat das Potential, zu einem Klassiker zu werden: lange Abfahrt, mancherorts vielleicht etwas zu flach, dafür aber ungefährlich und familientauglich und dennoch auch für erfahrene Rodler interessant –, eine beliebte Einkehrhütte am höchsten Punkt und eine unbeschreibliche Landschaft. hier eröffnen sich herrliche Ausblicke auf den weißen Bregenzerwald und seine Berge bis hin zur alles dominierenden Kanisfluh und die eingeschneiten, verlassenen Hütten des Klausberg Vorsäßes. Das alles wirkt fast schon irreal.

Der Weg wird leider nur als Winterwanderweg präpariert. Deshalb ist der Schnee oft zu tief zum Rodeln und oft besser für den Bob geeignet.

Streckenbeschreibung: Vom Dorfplatz wenige Meter auf der Hauptstraße aufwärts Richtung Bödele. Schon bald trifft man auf die Beschilderung, die links aufwärts Richtung Lustenauer Hütte weist. Die ersten Meter geht man noch durch das Dorf aufwärts. Aber bald lässt man die Häuser hinter sich, und das bleibt auch so für den Rest der Strecke. Der Weg ist eindeutig und gut ausgeschildert. Alternativ könnte man von der Lustenauer Hütte auch auf gleichem Wege retour.
Winterwandertipp: Start am Bödele und Ende in Schwarzenberg in umgekehrter Richtung.

Video

34. Alpstüble Moos

🌐 Ort	Riefensberg / Hochlitten	♥ Erlebnis	★ ★ ★ ★ ☆
⚏ Start	Camping / Skigebiet	🔭 Landschaft	★ ★ ★ ★ ★
📍 Ziel	Alpstüble Moos	👍 Kondition	★ ★ ☆ ☆ ☆
🎫 Niveau	leicht - mittel	❄ Winterwandern	★ ★ ★ ★ ★
🕐 Gesamtzeit	2.5 Std.	🐾 Schneeschuhe	★ ★ ★ ★ ★
→ Distanz	6 km	🚲 Winterbiken	★ ☆ ☆ ☆ ☆
📍 Höchster Punkt	1.250 m	🏃 Kindertauglich	★ ★ ★ ☆ ☆
🏔 Auf- / Abfahrt	⬆ 290 Hm ⬇ 290 Hm	📈 Steigung im Ø	flach - mittelsteil 10%
📅 Jahreszeit	Jänner – April	🍴 Einkehr	Alpstüble Moos
⊙ Exposition	Nordwest	📱 Telefon	+43 664 281 49 17
ⓘ Strecke	Forststraße	𝑒 Internet	www.alpe-moos.at

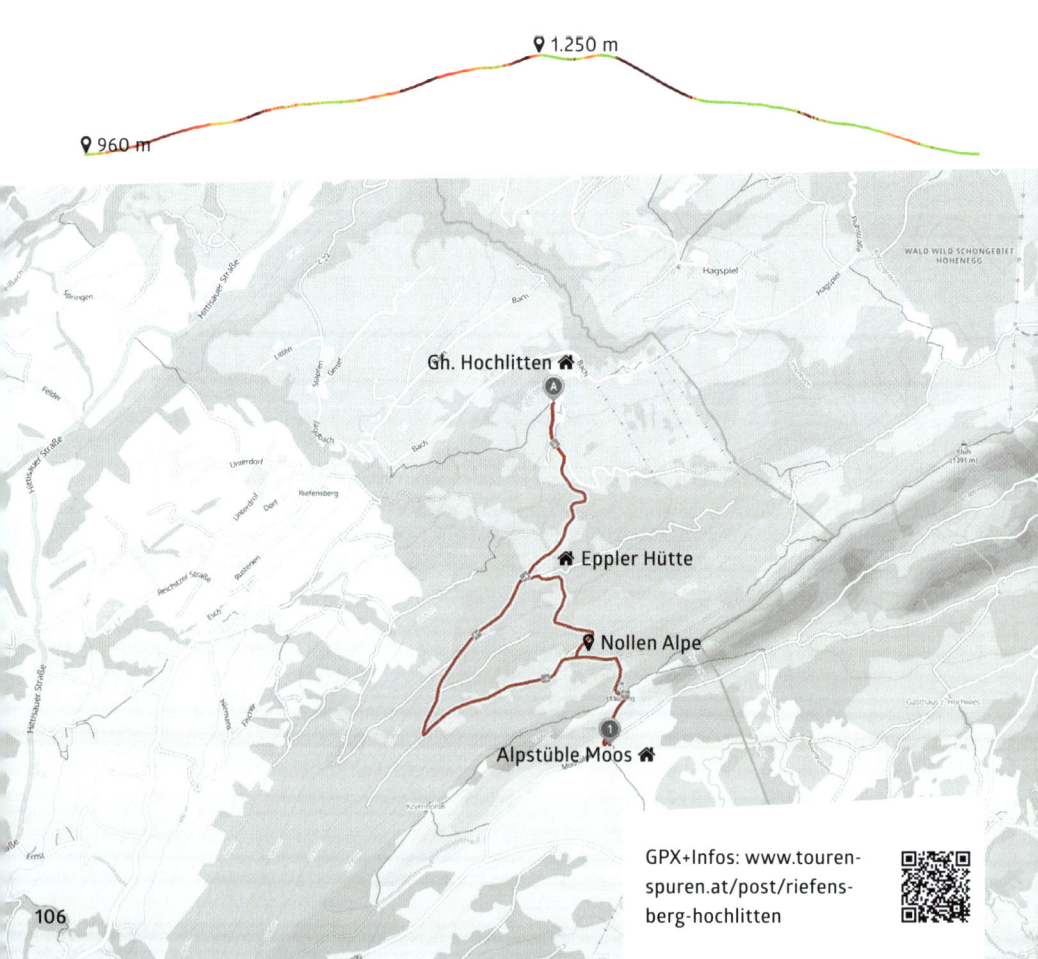

GPX+Infos: www.touren-spuren.at/post/riefens-berg-hochlitten

Start: Parken im Skigebiet Hochlitten am Gh. Hochlitten

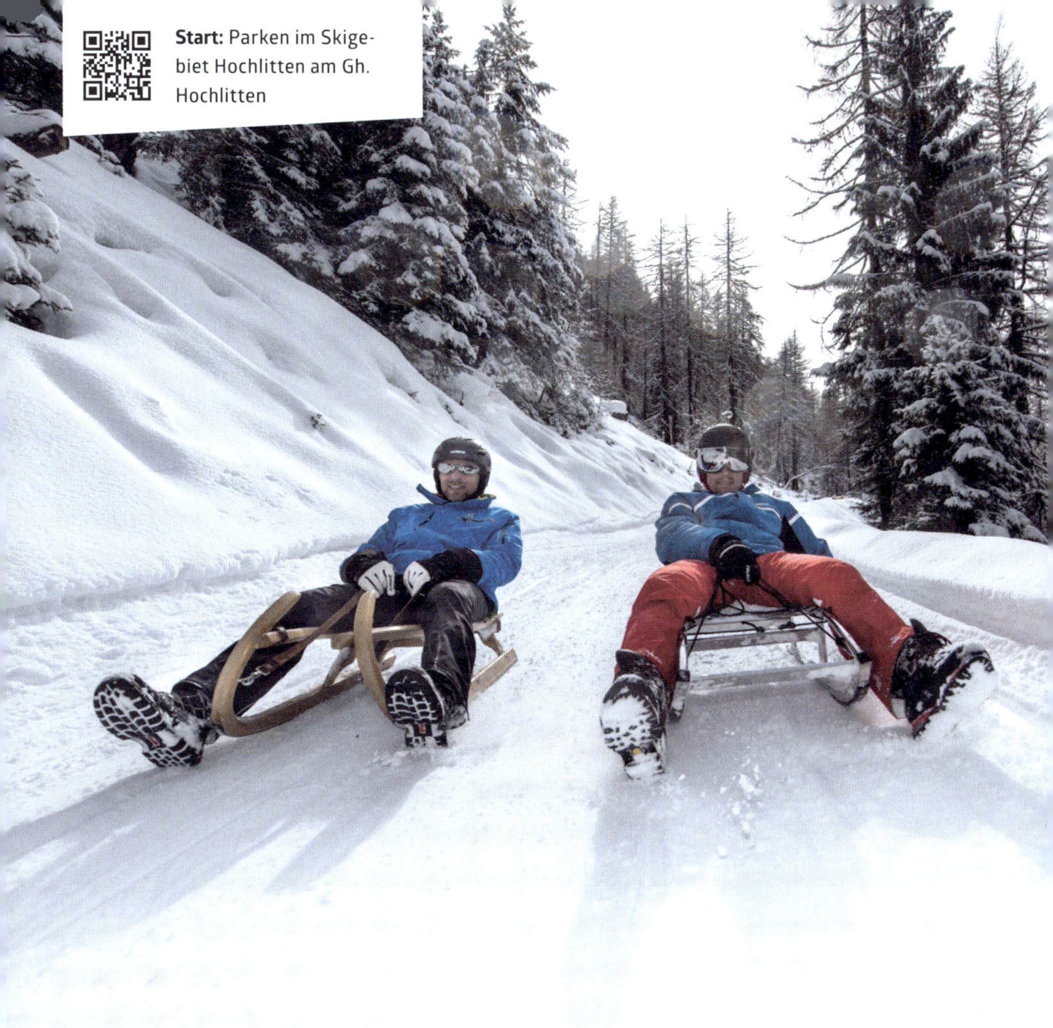

In einigen Abschnitten steile Rodelpiste mit gemütlicher Einkehrmöglichkeit im Alpstüble Moos. Dieses liegt allerdings jenseits des höchsten Punkts, im Bereich des Skigebiets Hochhäderich, sodass man am Ende des Aufstiegs ca. 50 Hm absteigen/hinunterrodeln muss.

Streckenbeschreibung: In Hochlitten dem ausgeschilderten Winterwanderweg zum Aplsstüble Moos Hochhäderich folgen. Das erste Stück, bis zur Eppler Hütte in Elmauen, ist noch zu flach zum Rodeln. Nach der Eppler Hütte teilt sich der Weg. Die Rodelpiste geht links hoch und ist sehr steil, während sich der untere Weg in einer weiten Schleife zur Nollen Alpe hochzieht. Bei der Nollen Alpe kommen die Wege dann wieder zusammen. Es folgt ein weiteres steiles Stück zum Eisernen Tor, dem höchsten Punkt. Von dort fährt man kurz abwärts zum Aplsstüble Moos. Die Hütte liegt inmitten einer erlebnisreichen Gebirgslandschaft und eines großen Hochmoores auf 1.250 m.

Tipp: Romantische Pferdeschlittenfahrt durch das Hochmoor Hochhäderich täglich ab 11 Uhr oder nach Vereinbarung: anfrage@pferdeschlittenfahrt.at, M + 43 664 412 29 15

Video

35. Escha / Pfingstatt

🌐 Ort	Bizau		♥ Erlebnis	★	★	★	☆	☆
⌖ Start	Gebhard-Wölfle-Saal		🔭 Landschaft	★	★	★	★	☆
📍 Ziel	Gopfvorsäß		👍 Kondition	★	★	★	☆	☆
🎚 Niveau	leicht - mittel		❄ Winterwandern	★	★	★	★	☆
⏱ Gesamtzeit	2 Std.		🐾 Schneeschuhe	★	★	★	☆	☆
→ Distanz	4.6 km		🚲 Winterbiken	☆	☆	☆	☆	☆
📍 Höchster Punkt	940 m		🧍 Kindertauglich	★	★	★	☆	☆
🏔 Auf- / Abfahrt	⬆ 240 Hm ⬇ 240 Hm		📈 Steigung im Ø	mittelsteil 10%				
📅 Jahreszeit	Dezember - März		🍴 Einkehr	Biohotel Schwanen				
◎ Exposition	Ost		📱 Telefon	+43 5514 2133				
ⓘ Strecke	Forststraße		🅴 Internet	biohotel-schwanen.com				

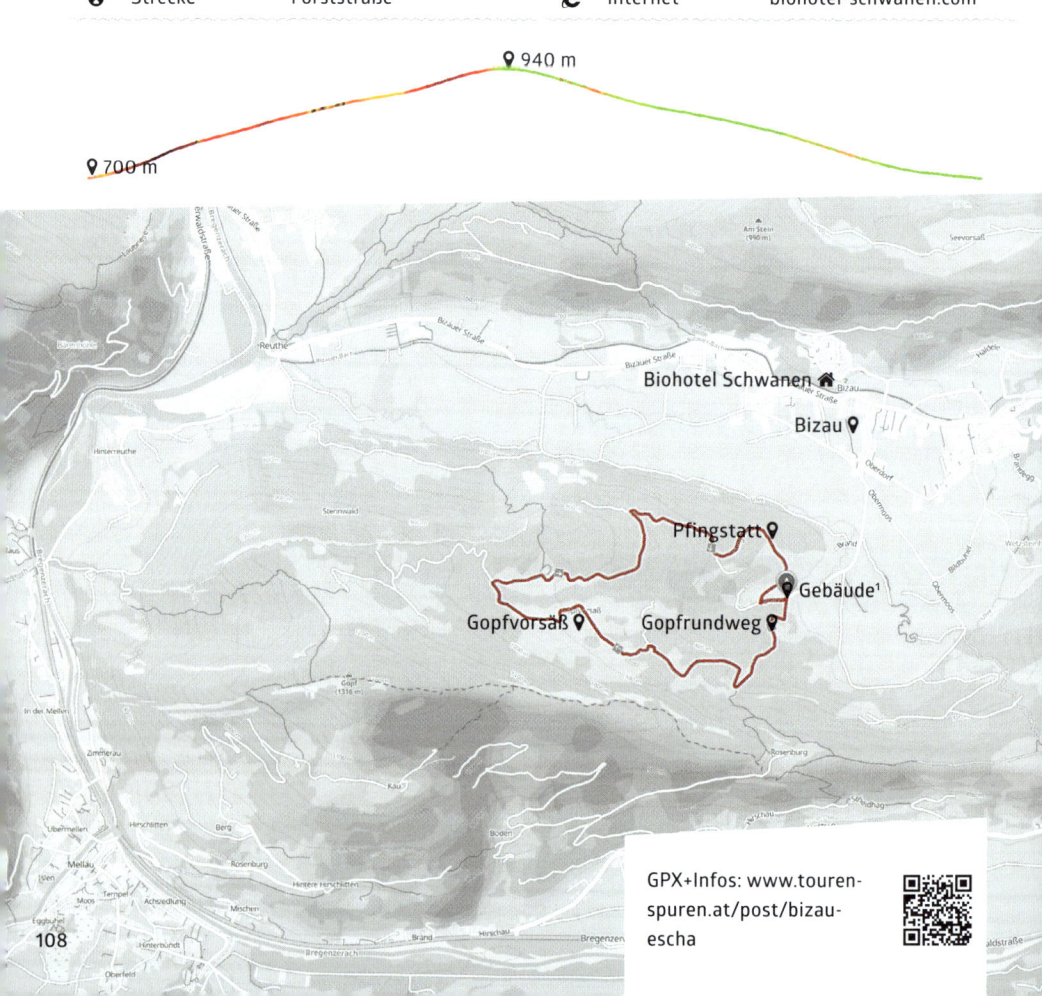

📍 940 m

📍 700 m

GPX+Infos: www.touren-spuren.at/post/bizau-escha

© Foto: Alexander Sonderegger

Am Ortsrand von Bizau liegt die Rodelbahn Escha. Im ruhigen Ortsteil Pfingstatt startest du mit dem Aufstieg. Nach diesem Ortsteil Pfingstatt wird diese Tour auch oft bezeichnet.

Streckenbeschreibung: Die offizielle Bahn „Escha" geht links vor einem Gebäude[1] weg, über den Gopfrundweg. Du folgst dem Wegweiser weiter in Richtung Rosenburg / Hirschau. Die präparierte Bahn führt durch schön bewaldetes Gebiet in einigen Kurven bergauf. Offiziell ist die Bahn 1200 Meter lang und in einem Zug gut durch zu fahren. Die Rodelbahn wird jeweils am Mittwoch, Freitag und Samstag bis 21 Uhr beleuchtet. Da es sich aber um einen Winter-Rundwander-weg zum Gopfvorsäß handelt, kannst du am Ende auch weiter nach oben gehen.

Dann gibt es allerdings ab und zu bei der Abfahrt Flachstücke, in denen man die Rodel ziehen muss. Der Rundweg hat den Vorteil, dass du von zwei Seiten zum Gopfvorsäß aufsteigen kannst, und somit hast du auch zwei Abfahrtsalternativen. Wenn man die nördliche Variante wählt, geht man einfach beim Fahrverbotsschild mit der Markierung „Bizau-Gopf" den Winterwanderweg weiter. Dieser Weg bietet im unteren Teil einen schönen Ausblick zur Kanisfluh, dann geht es auch durch den Wald mit einigen Kurven nach oben. Beide Aufstiegsmöglichkeiten sind in etwa gleich steil.

36. Gschwend

🌐	Ort	Bezau	❤	Erlebnis	★ ★ ★ ☆ ☆
⚞	Start	Bezauer Wirtschaftsschule	🔭	Landschaft	★ ★ ★ ★ ☆
📍	Ziel	Waldhütte	👍	Kondition	★ ☆ ☆ ☆ ☆
🕑	Niveau	leicht	❄	Winterwandern	★ ★ ★ ★ ☆
🕐	Gesamtzeit	1 Std.	🐾	Schneeschuhe	★ ★ ★ ☆ ☆
→	Distanz	3.3 km	🚲	Winterbiken	★ ☆ ☆ ☆ ☆
📍	Höchster Punkt	760 m	🧍	Kindertauglich	★ ★ ★ ☆ ☆
🏔	Auf- / Abfahrt	⬆ 100 Hm ⬇ 100 Hm	📈	Steigung im Ø	flach 7%
📅	Jahreszeit	Jänner - März	🍴	Einkehr	Hotel Post
⊙	Exposition	West	▢	Telefon	+43 5514 22070
❶	Strecke	Forststraße	𝑒	Internet	www.hotelpostbezau.com

📍 760 m

📍 660 m

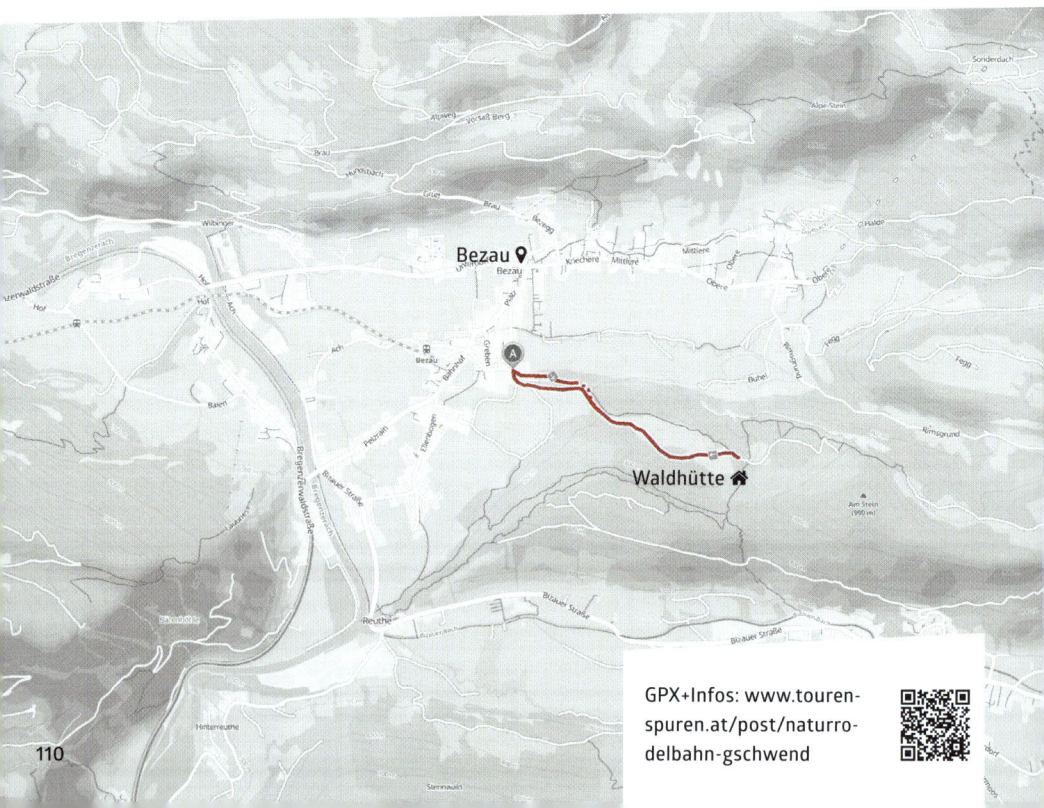

GPX+Infos: www.touren-spuren.at/post/naturro-delbahn-gschwend

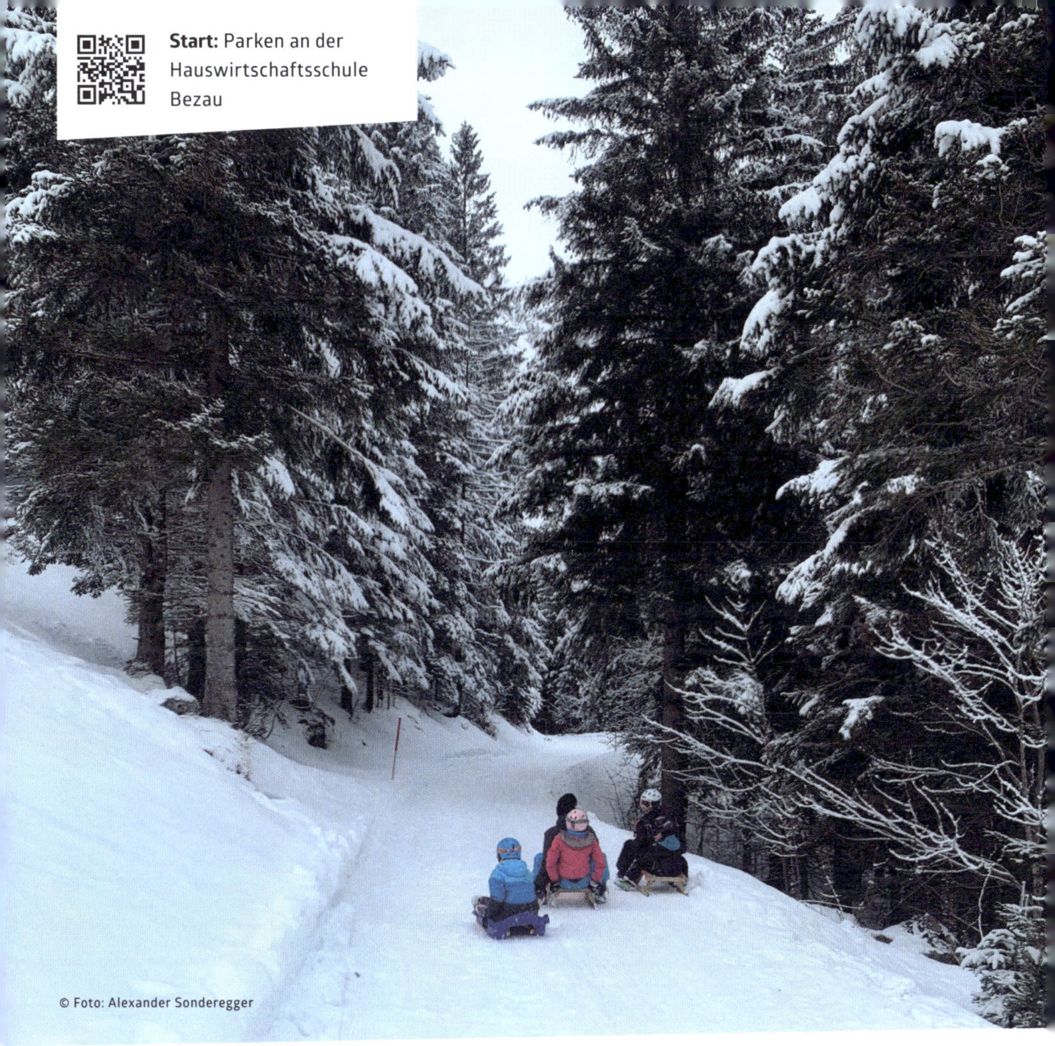

Start: Parken an der Hauswirtschaftsschule Bezau

© Foto: Alexander Sonderegger

Die kurze und nette Rodelbahn Gschwend ist ideal für Familien mit Kindern geeignet, die nicht allzu langen Fußmarsch wünschen. Den Aufstieg beginnst du etwas oberhalb von der Bezauer Wirtschaftsschule über den Güterweg der Genossenschaft Gschwend in Richtung Känzele.
Für Autos ist dieser Weg gesperrt, mit Ausnahme von Genossenschaftsmitgliedern. Die Rodelbahn hat eine angenehme Steigung mit einigen wenigen Kurven. Tagsüber verläuft die Strecke überwiegend im Schatten. Eine besonders romantische Stimmung herrscht hier bei einer abendlichen Rodel-Partie. Dann ist die Bahn durchgehend beleuchtet und zwar täglich bis 23 Uhr.

Streckenbeschreibung: Die Abfahrt startet nach einer Gehzeit von ca. 30 Minuten an der Abzweigung des Schrofenweges in Richtung Känzele-Reuthe. Anders als bei vielen Bahnen liegt hier am Gipfel keine Hütte, in der man sich aufwärmen und stärken kann. Dafür gibt es aber am Ende der Bahn eine kleine Waldhütte, bei der heiße Getränke verkauft werden und Rodel ausgeliehen werden können - allerdings nur auf Anfrage (T. +43 664 1344358).

Video

37. Krähenberg

🌐 Ort	Sibratsgfäll	❤ Erlebnis	★	★	★	☆	☆
⚑ Start	Skilift Krähenberg	🔭 Landschaft	★ ★ ★ ☆ ☆
📍 Ziel	Waldhütte	👍 Kondition	★ ☆ ☆ ☆ ☆
🎛 Niveau	mittel	❄ Winterwandern	★ ★ ★ ★ ☆
🕐 Gesamtzeit	1 Std.	🐾 Schneeschuhe	★ ★ ★ ☆ ☆
→ Distanz	2 km	🚲 Winterbiken	★ ☆ ☆ ☆ ☆
📍 Höchster Punkt	930 m	🧍 Kindertauglich	★ ★ ★ ☆ ☆
📈 Auf- / Abfahrt	⬆ 80 Hm ⬇ 80 Hm	📈 Steigung im Ø	flach - mittelsteil 10%
🗓 Jahreszeit	Jänner - März	🍴 Einkehr	s'Elsa WunderBar
🎯 Exposition	Nordost	📱 Telefon	+ 49 170 147 145 3
ⓘ Strecke	Forststraße	℮ Internet	www.kraehen-berg.com

📍 930 m

📍 850 m

Siebratsgfäll 📍

sÉlsa WunderBar 🏠
Ⓐ

Skilift Krähenberg 📍

GPX+Infos: www.touren-
spuren.at/post/sibratsg-
fäll-rodelbahn-krähenberg

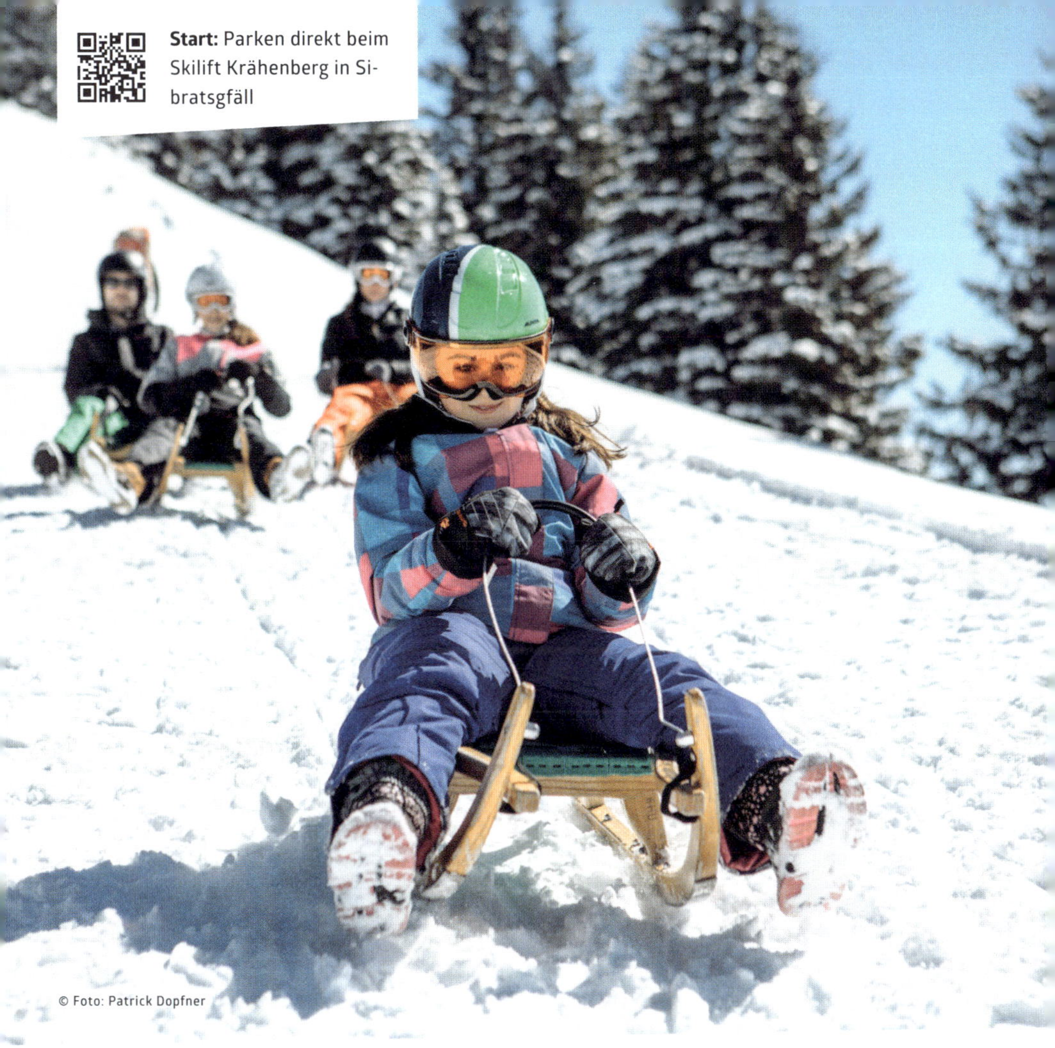

© Foto: Patrick Dopfner

Ein Klassiker in Sibratsgfäll ist die Krähenberg Rodelstrecke. Sie ist eine gute und regelmäßig präparierte Bahn und trotz ihrer kurzen Distanz schön anspruchsvoll. Die Neigung ist nicht zu unterschätzen und im kurzen Waldstück sind zwei Kurven mit Können oder Vorsichtig anzugehen.

Die Bahn ist aber breit genug angelegt und im Wald auch mit Holzverschlägen gut gesichert. Im unteren Teil hat man ohnedies freie Bahn und man kann dann getrost die Kuven laufen lassen. Dort bietet sie zudem einen schönen Ausblick über Sibratsgfäll. Die Bahn ist auf Anfrage beleuchtet (www.kraehen-berg.com).

Streckenbeschreibung: Der Aufstieg beginnt in unmittelbarer Nähe zum Parkplatz - wenn man die Skipiste vor sich hat, liegt die Bahn rechter Hand. Sie ist nicht zu verfehlen. Die Bahn endet auf einer Kuppe mit Blick auf einen Campingplatz.

Rodelverleih bei der Talstation des Krähenberg Liftes während der Betriebszeiten. Es stehen in etwa 20 Rodel zu Verfügung.

 Video

38. Falkenhütte

🌐	Ort	Hochhäderich	❤	Erlebnis	★ ★ ★ ★ ☆
⚏	Start	Skilift Hochhäderich	🔭	Landschaft	★ ★ ★ ★ ★
📍	Ziel	Falkenhütte	👍	Kondition	★ ★ ☆ ☆ ☆
🎛	Niveau	leicht	❄	Winterwandern	★ ★ ★ ★ ★
⏱	Gesamtzeit	2.5 Std.	🐾	Schneeschuhe	★ ★ ★ ★ ★
→	Distanz	8.5 km	🚲	Winterbiken	★ ☆ ☆ ☆ ☆
📍	Höchster Punkt	1.430 m	🧍	Kindertauglich	★ ★ ★ ☆ ☆
🏔	Auf- / Abfahrt	⬆ 220 Hm ⬇ 220 Hm	📈	Steigung im Ø	flach - mittelsteil 10%
🗓	Jahreszeit	Jänner - März	🍴	Einkehr	Falkenhütte
⊘	Exposition	West	▯	Telefon	+49 8386 8113
ⓘ	Strecke	Forststraße	℮	Internet	www.falkenhuette.de

📍 1.430 m

📍 1.210 m

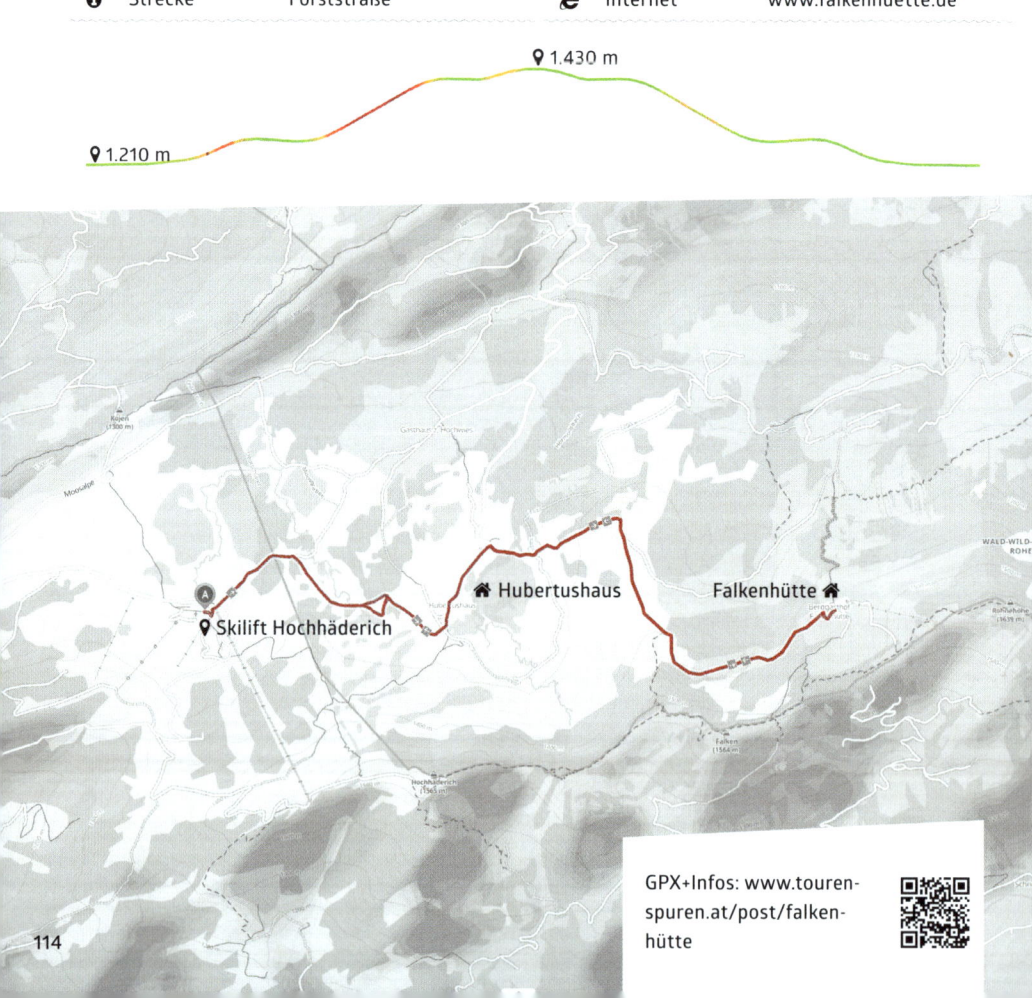

A

📍 Skilift Hochhäderich

🏠 Hubertushaus

Falkenhütte 🏠

GPX+Infos: www.touren-
spuren.at/post/falken-
hütte

© Foto: Sepp Mallaun

Von der Hochhäderich Talstation zur Falkenhütte führt dich diese Tour durch das Naturschutzgebiet des Kojentales. Dabei überschreitest du die Grenze nach Bayern ins benachbarte Allgäu mit dem Ziel der Falkenhütte. Die so genannte Alpenarena (www.alpenarena.com) Offeriert alle Wintersportarten. Es sind oft viele Wintersportler unterwegs und man muss auf der Rodelbahn auch mit Winterwanderern und Schneeschuh-Wanderern rechnen. Das Hochtal ist zunächst sehr eben und flach und man muss deswegen im unteren Teil die Rodel einige Male ziehen. Man sollte also bedenken, dass auch der Retourweg etwas länger dauert, da man nicht die ganze Strecke durchgehend rodeln kann.

Streckenbeschreibung: Vom Parkplatz gehst du am kleinen Rodelhang auf einem Winterwanderweg vorbei bis zur ersten Abzweigung rechts Richtung Falkenhütte. Du erreichst die Hubertushütte und dann den Gasthof Hörmoos. Von dort steigst du noch etwa 50 Minuten bis zur Falkenhütte auf. Im obersten Teil geht es auch kurz bergab, man muss dann beim Rodeln einen kurzen Gegenanstieg in Kauf nehmen. Die Bahn ist recht sonnig und bietet einen herrlichen Blick in die sanften Berge des Allgäus und auf den Bodensee.

Video

39. Burgl Hütte

🌐	Ort	Balderschwang	❤	Erlebnis	★ ★ ★ ★ ☆
⚏	Start	Parkplatz Skilifte	🔭	Landschaft	★ ★ ★ ★ ☆
📍	Ziel	Burgl Hütte	👍	Kondition	★ ★ ☆ ☆ ☆
⏲	Niveau	leicht - mittel	❄	Winterwandern	★ ★ ★ ★ ★
⏱	Gesamtzeit	2.5 Std.	🐾	Schneeschuhe	★ ★ ★ ★ ★
→	Distanz	11 km	🚲	Winterbiken	★ ★ ☆ ☆ ☆
📍	Höchster Punkt	1.420 m	🧍	Kindertauglich	★ ★ ★ ☆ ☆
⛰	Auf- / Abfahrt	⬆ 240 Hm ⬇ 240 Hm	📈	Steigung im Ø	flach - mittelsteil 10%
🗓	Jahreszeit	Jänner – April	🍴	Einkehr	Bodensee Hütte
⊘	Exposition	Süde / Nord	▢	Telefon	+49 8321 800 300
ℹ	Strecke	Forststraße	℮	Internet	boden-balderschwang.de

📍 1.420 m

📍 1.180 m

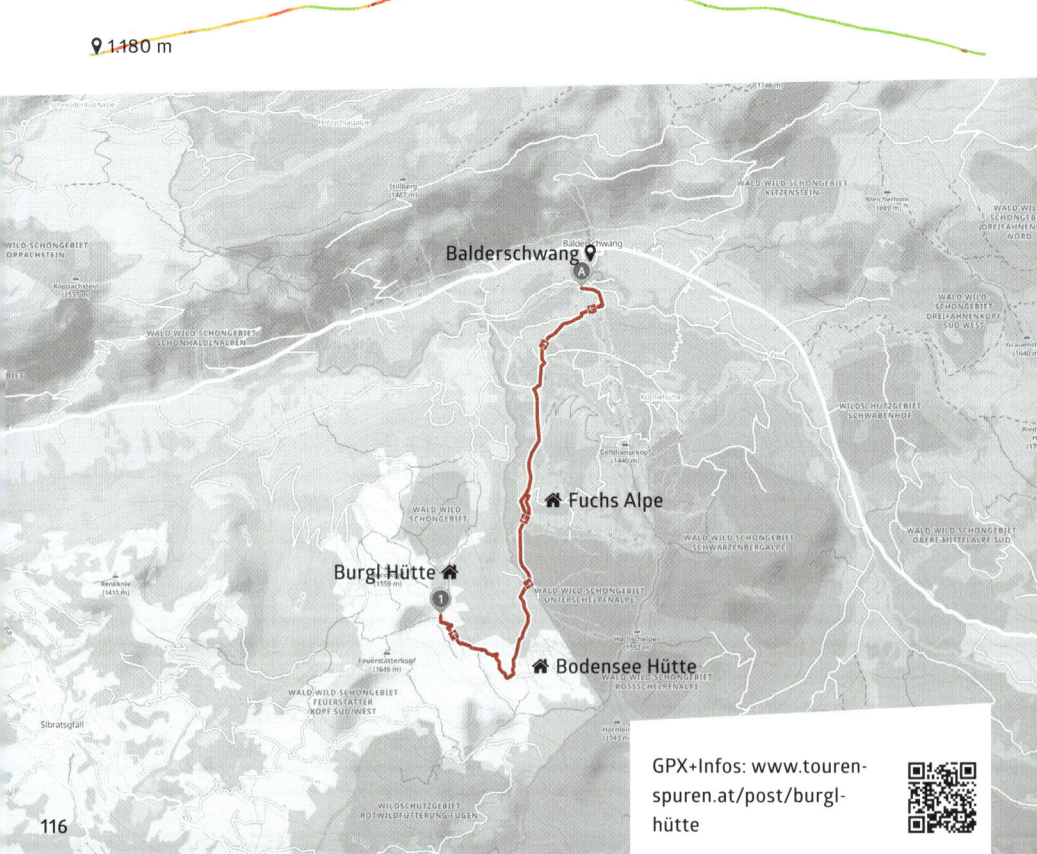

GPX+Infos: www.touren-spuren.at/post/burgl-hütte

Start: Parken beim Skilift Talstation in Balderschwang

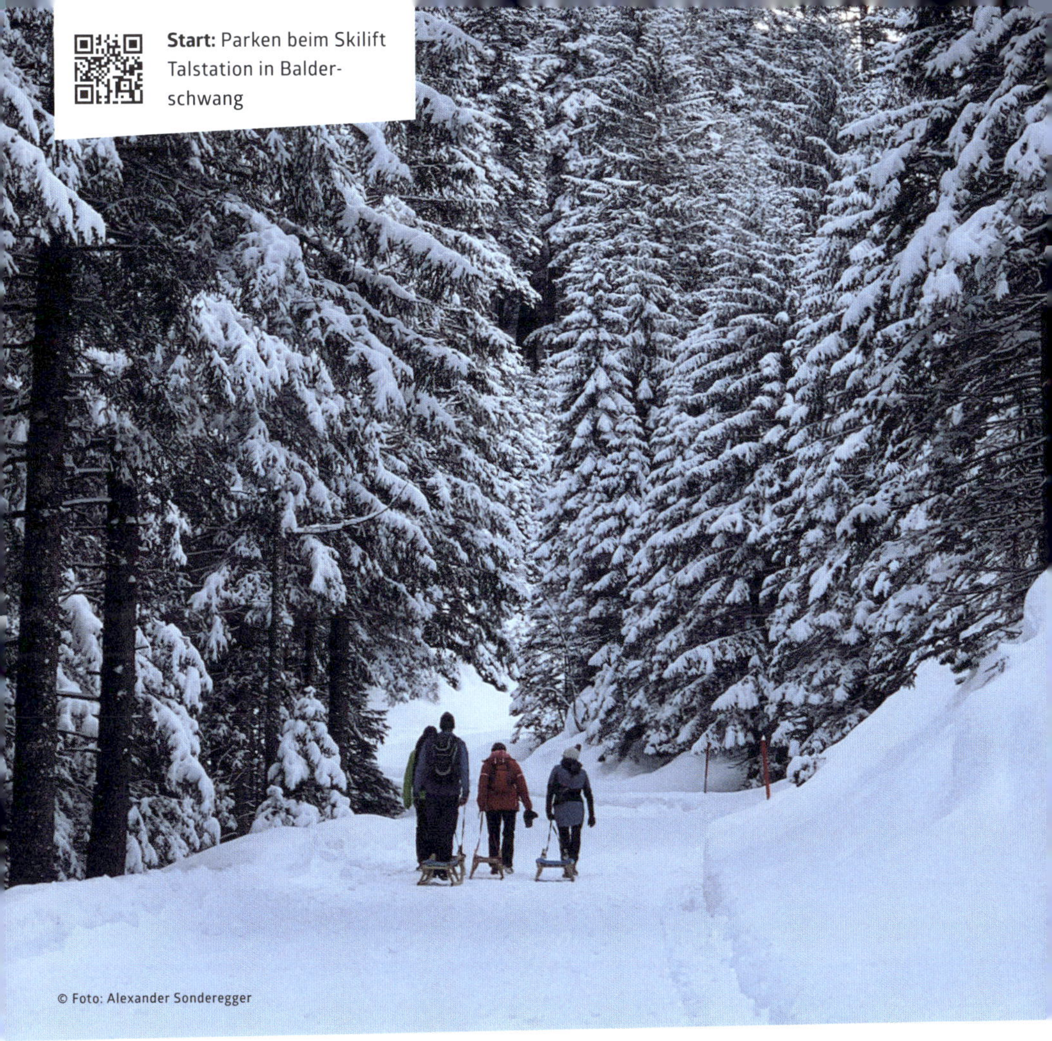

© Foto: Alexander Sonderegger

Eine Rodelstrecke im Grenzgebiet zwischen Österreich und Deutschland mit dem Ziel der Burgl Hütte. Die Hütte selbst liegt in der Gemeinde Hittisau. Den Aufstieg beginnt man aber im bayrischen Balderschwang. Vom großen Parkplatz der Skilifte (www.skigebiet-balderschwang.de) geht man rechts am Gschwend-Lift vorbei. Am Ende dieses Weges hält man sich links und quert die Langlauf-Loipe. An dieser Stelle könnte man alternativ starten und einen der etwa 5 Parkplätze nehmen.

Streckenbeschreibung: Jetzt beginnt der Aufstieg, zunächst zur Bodensee Hütte, die du in etwa einer Stunde erreichst. Dann hast du noch ca. eine Viertelstunde bis zur Fuchshütte. Hinter dieser Hütte ist man kurz auf einem Streckenabschnitt, auf dem auch Skifahrer fahren können. Danach hält man sich rechts, man quert eine Brücke und ab da beginnt dann die eigentliche Rodelbahn zur Burgl Hütte. Die Bahn wird zwar nicht gewalzt, aber für die Versorgung der Hütte gespurt. Beim Rodeln gibt es ein paar Stellen (etwa im Bereich der Fuchshütte), auf denen man die Rodel kurz ziehen muss. Die Bahn selbst ist sehr naturbelassen und bietet schöne Blicke ins Allgäu. Das Ziel, die Burgl Hütte, ist besonders urig.

Video

40. Am Holand

🌐 Ort	Au			♥ Erlebnis	★ ★ ★ ☆ ☆				
⎌ Start	Kirche Rhemen			🔭 Landschaft	★ ★ ★ ★ ☆				
📍 Ziel	Am Holand			👍 Kondition	★ ☆ ☆ ☆ ☆				
🕐 Niveau	leicht			❄ Winterwandern	★ ★ ★ ★ ☆				
🕐 Gesamtzeit	1 Std.			🐾 Schneeschuhe	★ ★ ★ ★ ☆				
→ Distanz	1.4 km			🚲 Winterbiken	★ ★ ☆ ☆ ☆				
📍 Höchster Punkt	925 m			🧍 Kindertauglich	★ ★ ★ ★ ☆				
⛰ Auf- / Abfahrt	⬆ 100 Hm ⬇ 100 Hm			📈 Steigung im Ø	flach - mittelsteil 10%				
🗓 Jahreszeit	Jänner – April			🍴 Einkehr	Gasthaus Löwen				
⦿ Exposition	Südost			📱 Telefon	+43 5515 25964				
❶ Strecke	Forststraße			🅔 Internet	bergbrennerei-loewen.at				

📍 925 m

📍 825 m

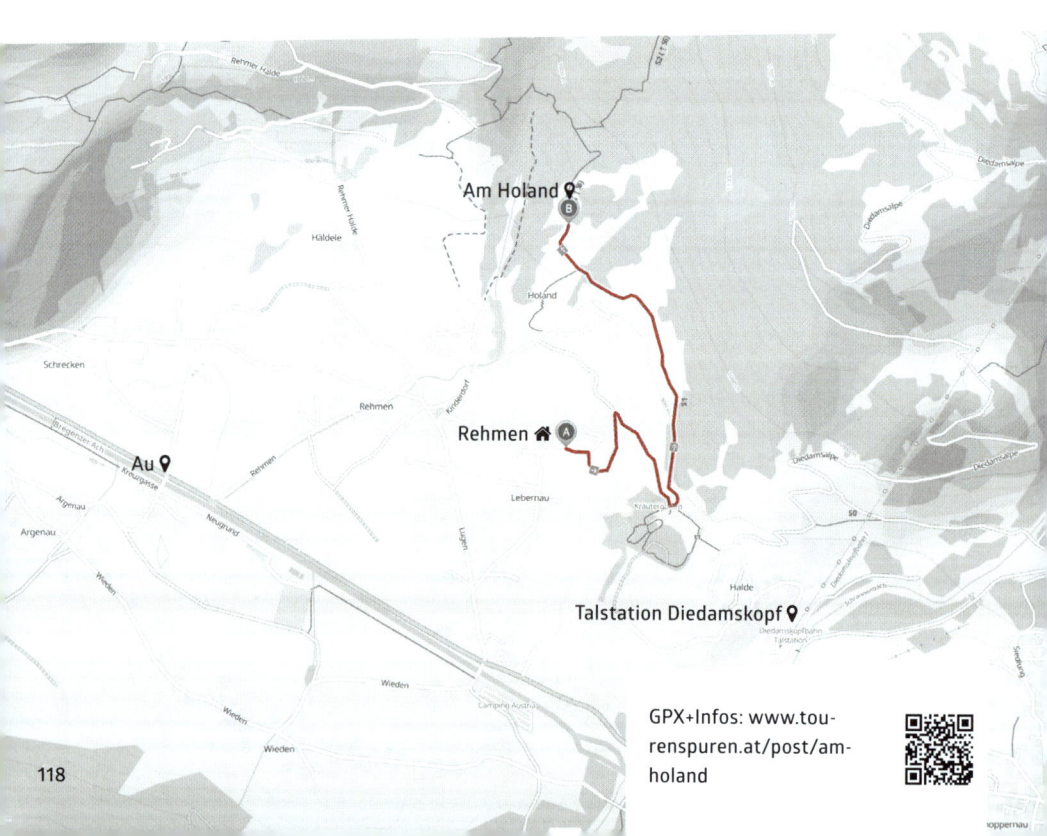

GPX+Infos: www.tou-renspuren.at/post/am-holand

Start: Parken direkt am Rand der Kirche bei Rhemen in Au

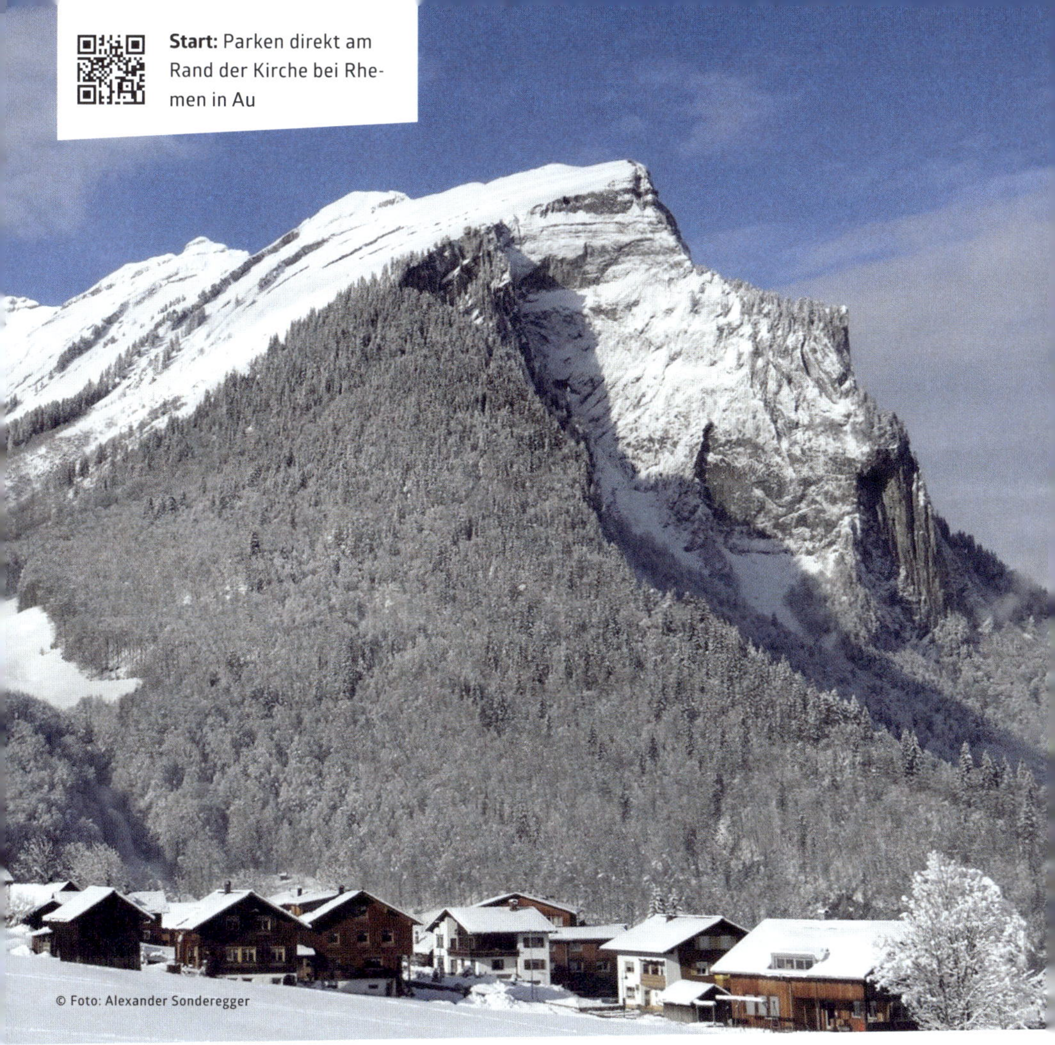
© Foto: Alexander Sonderegger

Wunderschön liegt die Rodelbahn „Am Holand" im Auer Ortsteil Rehmen. Die Kanisfluh und die Üntschenspitze sind immer in deinem Blickfeld. Die Strecke ist kurz und somit ideal für Familien. Die Gemeinde Au präpariert die Bahn bzw. den Winterwanderweg regelmäßig. Der Start für die Abfahrt ist in einem kleineren Waldteil.

Im unteren Teil kann man sich bei engeren Kurven erproben, dazwischen gibt es zwei schöne längere Geraden, die zur rasanten Fahrt einladen. Vorsicht am äußersten Ende der Bahn! Im Flachen kreuzt die Langlaufloipe, man sollte hier also wirklich rechtzeitig abbremsen.

Streckenbeschreibung: Es gibt zu Beginn zwei Aufstiegsmöglichkeiten: Entweder im unteren Ortsteil Richtung Lebernau gehen, am Ende der Straße kommt man direkt zur Rodelbahn. Oder von der Kirche im Ortsteil Rehmen dem ausgeschilderten Winterwanderweg in Richtung Holand, bzw dem Wegweiser in Richtung Holdamoos folgen. Der Weg geht an der Kirche und einigen Ferienhäusern vorbei und steigt hier etwas an. Der Winterwanderweg, der zur präparierten Rodelbahn führt, geht dann rechts weg. Ideale Einkehrmöglichkeiten findest du im Ort beim Gh. Löwen oder Restaurant Schiff.

Video

41. Hirschegg Wäldele

🌐	Ort	Hirschegg	♥	Erlebnis	★	★	★	☆	☆
⚟	Start	Ferienhof Hammerer	🔭	Landschaft	★	★	★	★	☆
📍	Ziel	Haus Sonnblick	👍	Kondition	★	☆	☆	☆	☆
🎚	Niveau	leicht	❄	Winterwandern	★	★	★	★	☆
⏱	Gesamtzeit	1 Std.	🐾	Schneeschuhe	★	★	★	★	☆
→	Distanz	3.2 km	🚲	Winterbiken	★	★	★	☆	☆
📍	Höchster Punkt	1.190 m	🧍	Kindertauglich	★	★	★	★	★
⛰	Auf- / Abfahrt	⬆ 70 Hm ⬇ 70 Hm	📈	Steigung im Ø	flach 8%				
📅	Jahreszeit	Dezember - März	🍴	Einkehr	Marburger Haus				
⊚	Exposition	Südost	📱	Telefon	+43 5517 57 680				
ⓘ	Strecke	Forststraße	𝑒	Internet	www.marburgerhaus.at				

📍 1.190 m

📍 1.120 m

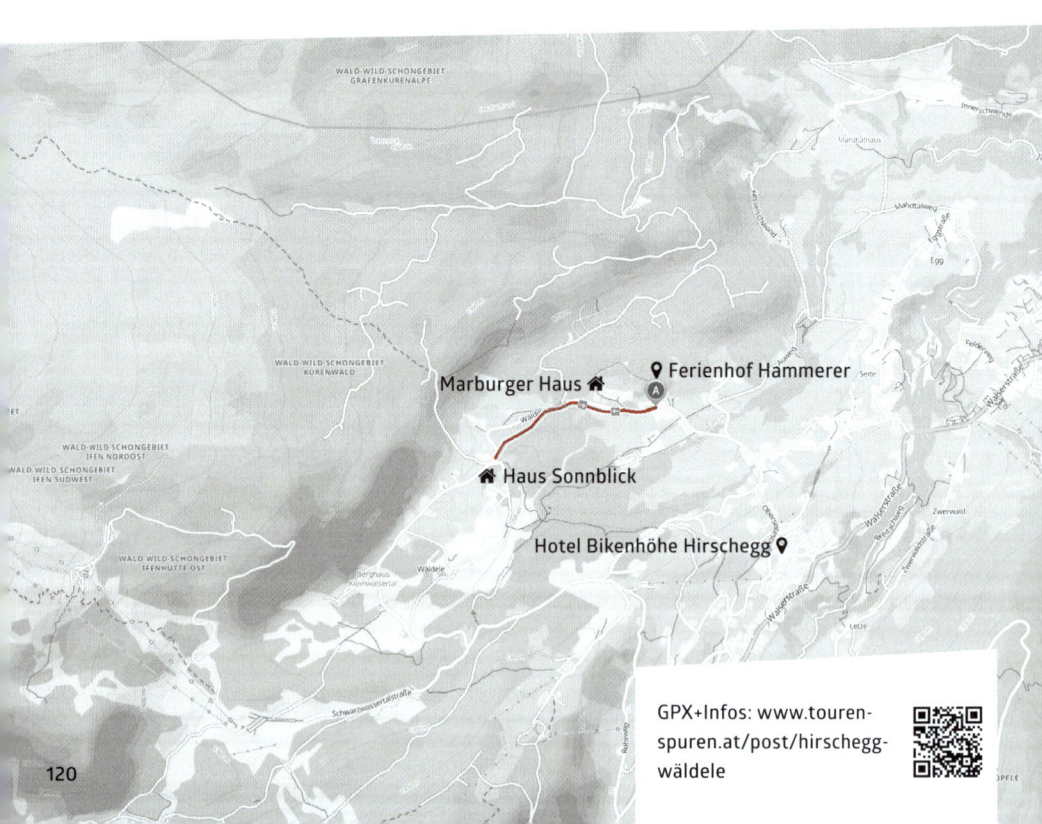

GPX+Infos: www.touren-spuren.at/post/hirschegg-wäldele

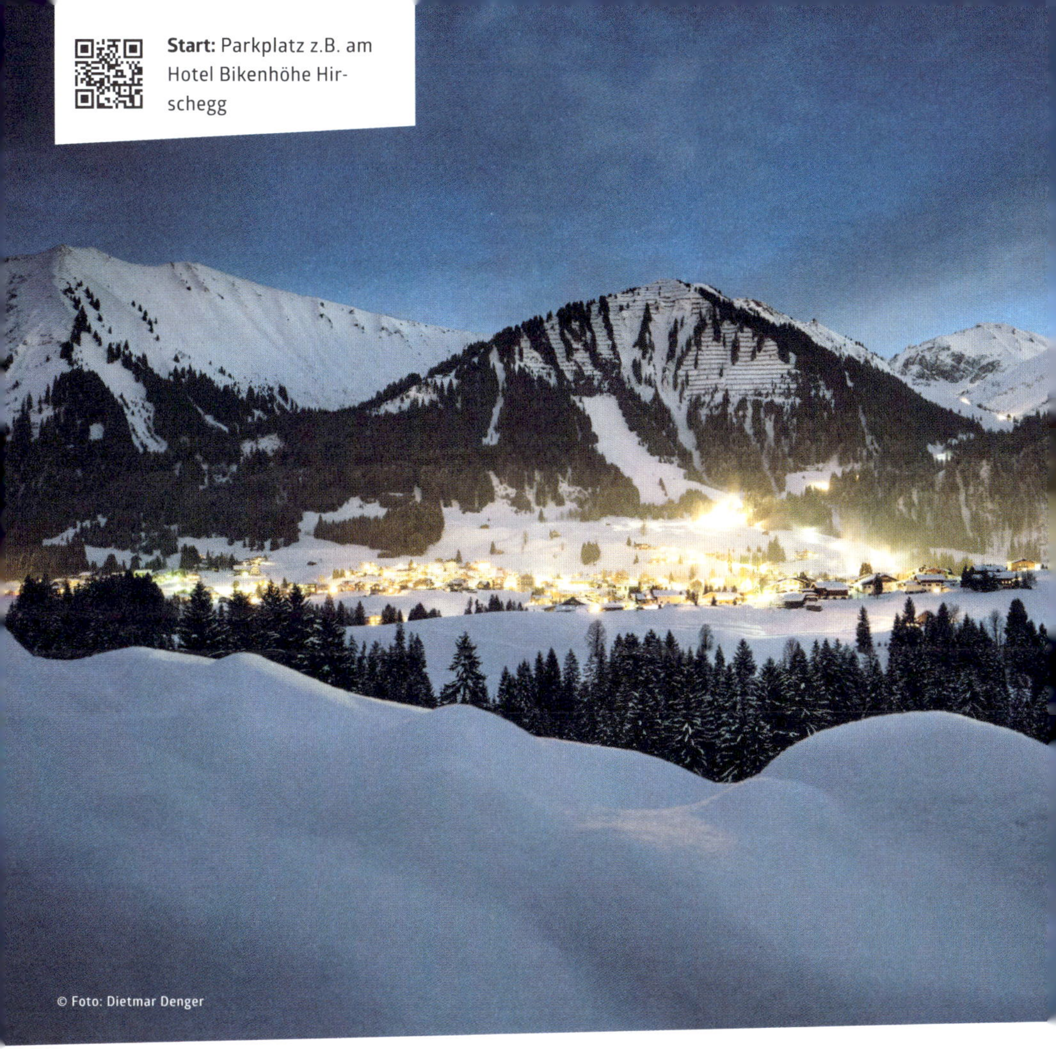

© Foto: Dietmar Denger

Diese sanfte kinder- und familienorientierte Rodelbahn bringt dich auf einer Strecke von etwa 1 km, parallel zur Wäldelestraße, vom Haus Sonnblick hinunter bis zum Ferienhof Hammerer und Marburger Haus.

Streckenbeschreibung: Die Rodelbahn Wäldele in Hirschegg ist etwas abseits des Ortskerns gelegen und punktet vor allem mit ihren landschaftlichen Reizen. Vom Parkplatz geht´s bergauf auf der Oberseitestraße unter der Parsennbahn zuerst rechts und später links auf die Wäldelestraße. Bis zum Haus Sonnblick geht´s entspannt bergauf. Retour gehts auf gleichem Wege und bei so manchem Rodler gern auch nochmals.

Wenn du schon im Kleinwalsertal mit der Rodel unterwegs bist, findest du hier noch weitere kleinere Rodelhügel und Schneespaß: https://tinyurl.com/t85dy7ku
Aufwärm- und Einkehralternativen sind das Alpenhotel Küren oder der Gschtrübelhof.

Der **Allgäu Coaster** (https://tinyurl.com/ev4scamp) ist auch im Winter in Betrieb. Die kurvige Strecke mit eingebauten Wellen quert zum Abschluss die Bundesstraße und erreicht eine Geschwindigkeit von bis zu 40 km/h.

Video

42. Saaser Fürkele

🌐	Ort	Malbun	♥	Erlebnis	★ ★ ★ ★ ☆
✇	Start	Alpenhotel Vögeli Malbun	🔭	Landschaft	★ ★ ★ ★ ☆
📍	Ziel	Saaser Fürkele	👍	Kondition	★ ★ ☆ ☆ ☆
🐢	Niveau	leicht	❄	Winterwandern	★ ★ ★ ★ ★
🕐	Gesamtzeit	1 Std.	🐾	Schneeschuhe	★ ★ ★ ★ ★
→	Distanz	5.3 km	🚲	Winterbiken	★ ★ ☆ ☆ ☆
📍	Höchster Punkt	1.780 m	🧍	Kindertauglich	★ ★ ★ ★ ☆
🏔	Auf- / Abfahrt	⬆ 240 Hm ⬇ 240 Hm	📈	Steigung im Ø	flach 8%
📅	Jahreszeit	Jänner – April	🍴	Einkehr	Vögeli Alpenhotel
⊘	Exposition	Süd	📱	Telefon	+423 265 31 00
❶	Strecke	Forststraße	*e*	Internet	www.alpenhotel.li

📍 1.780 m

📍 1.540 m

GPX+Infos zur Tour unter:
www.tourenspuren.at/
post/saaser-fürkele

Start: Viele Parkplätze direkt im kleinen Skiort Malbun

© Foto: Sepp Mallaun

Sehr schöne, kurze Rodelrunde, die vor allem durch eine herrliche Landschaft besticht. Die Runde wird regelmäßig für Winterwanderer geräumt, ist aber nicht nur bei diesen sondern auch bei Rodlern äußerst beliebt. Der Aufstieg auf dem Höhenweg von Malbun zum Saaser Fürkele ist sehr flach, sodass man sehr gut auch mit Kindern hochlaufen kann. Diese Strecke eignet sich dementsprechend nicht für´s Rodeln.

Deshalb rodelt man nicht auf dem Aufstiegsweg zurück, sondern fährt abwärts zum Schneeflucht-lift. Von diesem muss man dann 5 - 10 min auf einem Winterwanderweg leicht ansteigend zum Ausgangspunkt zurückgehen.

Streckenbeschreibung: Vom Parkplatz, vor dem Alpenhotel Malbun stehend, links aufwärts Richtung Saas beginnen wir die Rodeltour. Vorbei am zugeschneiten Saas Seelein bis zum höchsten Punkt, dem Saaser Fürkele, gehts dann abwärts zum Schneefluchtlift oberhalb von Steg.

Von dort, parallel zur Straße, auf einem Winter-wanderweg wieder zurück zum Parkplatz.

 Video

43. Stoss

🌐 Ort	Altstätten		♥ Erlebnis	★ ★ ★ ★ ☆
⚑ Start	Bahnhof Altstätten		🔭 Landschaft	★ ★ ★ ★ ☆
📍 Ziel	Haltestelle Stoss Schlitter		👍 Kondition	★ ★ ☆ ☆ ☆
🕐 Niveau	leicht		❄ Winterwandern	★ ★ ★ ★ ★
🕐 Gesamtzeit	2.5 Std.		🐾 Schneeschuhe	★ ★ ★ ★ ★
→ Distanz	8.5 km		🚴 Winterbiken	★ ★ ☆ ☆ ☆
📍 Höchster Punkt	920 m		🧍 Kindertauglich	★ ★ ★ ★ ☆
📐 Auf- / Abfahrt	⬆ 450 Hm ⬇ 450 Hm		📈 Steigung im Ø	flach 9%
🗓 Jahreszeit	Jänner – April		🍴 Einkehr	Restaurant Bahnhof
🧭 Exposition	Nordost		📱 Telefon	+41 71 755 52 98
ℹ Strecke	Forststraße (teils Teer)		𝒆 Internet	tinyurl.com/35nzk5jf

📍 920 m

📍 470 m

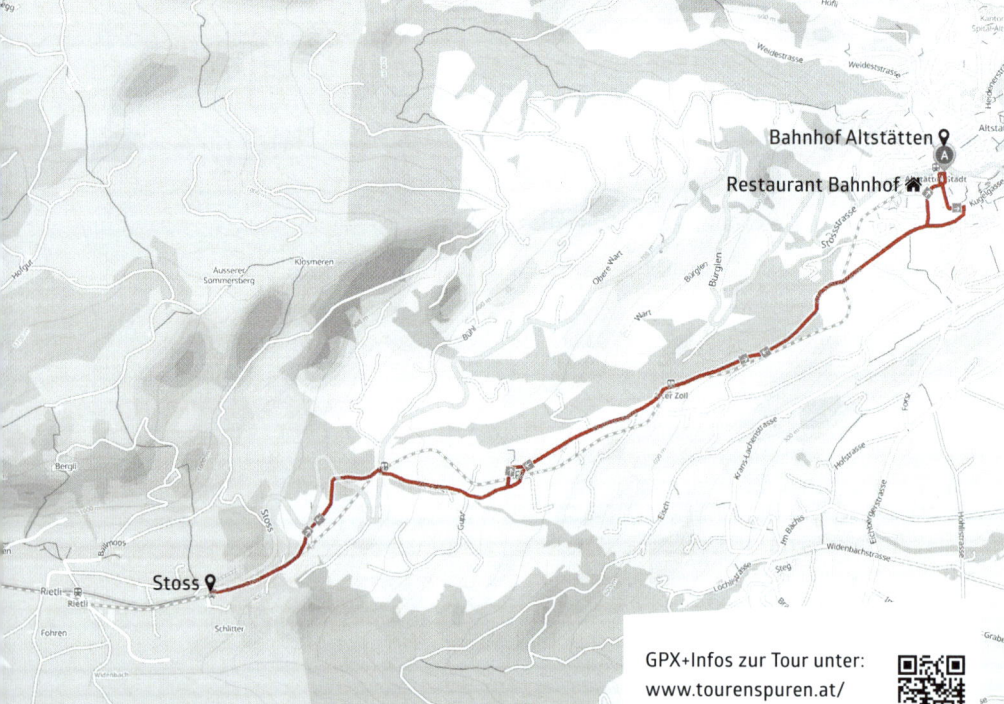

Bahnhof Altstätten 📍
Restaurant Bahnhof 🏠

Stoss 📍

GPX+Infos zur Tour unter:
www.tourenspuren.at/
post/stoss

Start: Großer Parkplatz hinter dem Bahnhof in Altstätten

Nur selten kann man die gesamte Strecke am Stoss rodeln. Aber wenn es einmal genug Schnee hat, dann wird die Rodelpiste von ganzen Heerscharen gestürmt. Es ist ein Rodelereignis der etwas anderen Art, das man da in den Hügeln oberhalb von Altstätten im St. Galler Rheintal erleben kann. Schon die Anfahrt zum Ausgangspunkt ist außergewöhnlich. Wo sonst kann man mit einem Zug zum Rodeln fahren? Die Appenzellerbahn, eine Zahnradbahn, bringt die Rodler von Altstätten zum Ausgangspunkt am Stoss (www. appenzellerbahnen.ch). Sofern du mehrmals rodeln und deine Kraftreserven sparen.

Streckenbeschreibung: Beim Bahnhof steht eine Wanderwegtafel. Der Beschilderung Richtung Forst Kapelle folgen. Man wandert zuerst auf Dorfstraßen durch Altstätten. Die Straße beginnt dann anzusteigen. Man sieht auch schon die Kapelle auf einem Hügel, auf die die Straße zuhält. Man geht nun auf der Straße ein Stück aufwärts. Wenige Meter nach einem Kreuz, das in einer Linkskurve steht, steigt man rechts über offene Rodelhänge hoch. Man sieht hier schon die Rodelspuren. Nun auf gewalzter Rodelpiste aufwärts. Manchmal, wenn der Weg über eine Straße verläuft, findet man auch Richtungsschilder für abwärtsfahrende Rodler.

44. Ruhesitz

🌐	Ort	Brülisau	❤️	Erlebnis	★	★	★	★	☆
⚏	Start	Kirche Brülisau	🔭	Landschaft	★	★	★	★	★
📍	Ziel	Berggasthaus Ruhesitz	👍	Kondition	★	★	★	☆	☆
🎛	Niveau	leicht	❄️	Winterwandern	★	★	★	★	★
⏱	Gesamtzeit	2 Std.	🐾	Schneeschuhe	★	★	★	★	★
→	Distanz	5.6 km	🚲	Winterbiken	★	★	★	☆	☆
📍	Höchster Punkt	1.270 m	🧍	Kindertauglich	★	★	★	★	☆
🏔	Auf- / Abfahrt	⬆️ 340 Hm ⬇️ 340 Hm	📈	Steigung im Ø	mittelsteil 12.5%				
🗓	Jahreszeit	Jänner – April	🍴	Einkehr	Ruhesitz				
⊚	Exposition	West	📱	Telefon	+41 71 799 11 67				
ℹ️	Strecke	Forststraße (teils Teer)	𝑒	Internet	www.ruhesitz.ch				

📍 1.270 m

📍 930 m

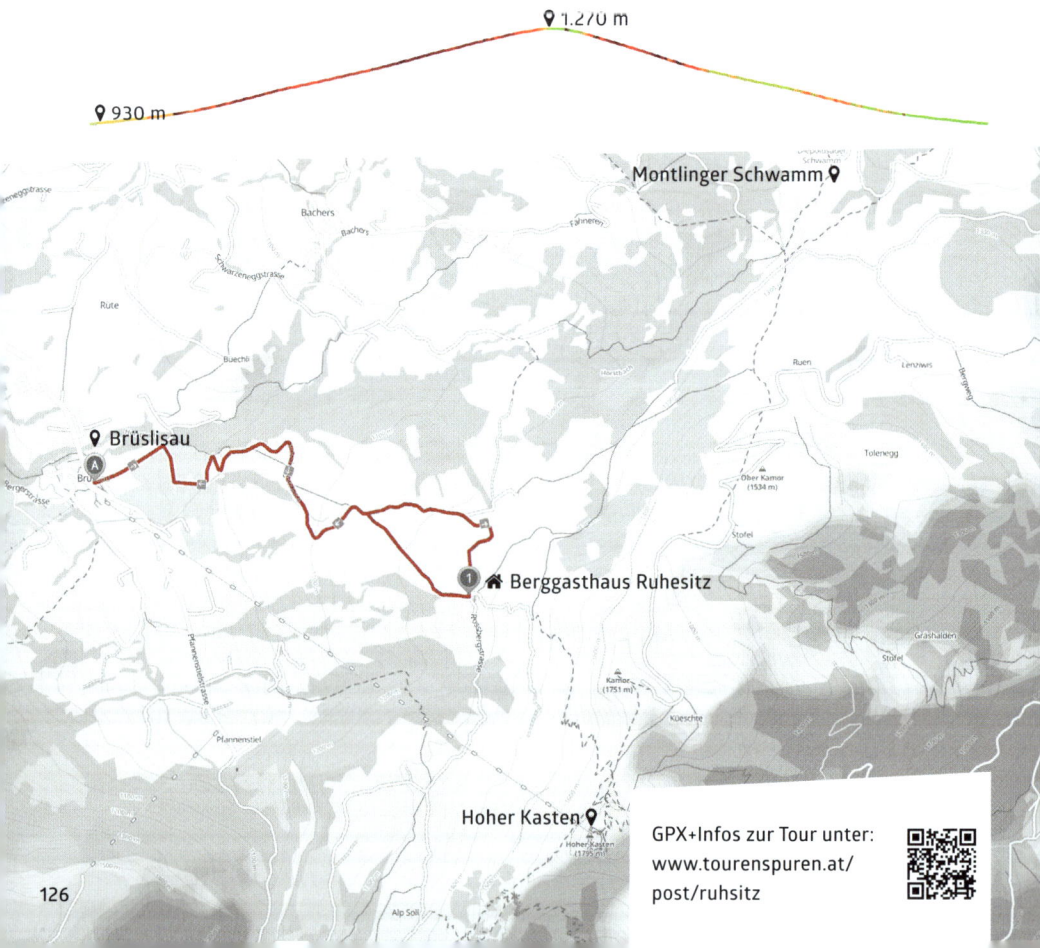

Montlinger Schwamm 📍

📍 Brüslisau

Ⓐ

① 🏠 Berggasthaus Ruhesitz

Hoher Kasten 📍

GPX+Infos zur Tour unter:
www.tourenspuren.at/
post/ruhsitz

Start: Parkplatz in Brülisau an der Kirche und Liftstation

Eine Top-Rodeltour, bei der alles passt: Eine Landschaft, wie sie nicht schöner sein kann – vor allem, wenn es gerade geschneit hat. Vor dir der Alpstein, hinter dir die lieblichen, weißen Hügel des Appenzells mit den schmucken alten Bauernhäusern. Dazu eine breite, gute präparierte Bahn.

Von oben bis unten geht's zügig abwärts, mit schönen Kurven. Es kann bei guten Verhältnissen auch richtig schnell werden und doch ist es nirgends gefährlich – überall nur sanfte Wiesen, keine Abgründe. Und das Gasthaus: urgemütlich.

Eine einmalige Tour, an der es wirklich nichts auszusetzen gibt, außer, dass sie halt doch etwas zu kurz ist. Brülisau liegt nun einmal für die meisten von uns nicht vor der Haustür.

Streckenbeschreibung: Gleich bei der Kirche aufwärts Richtung Ruhsitz. Bei der ersten Weggabelung (Ruhsitz ist hier nicht mehr ausgeschildert), der Bike-Beschilderung folgend, eben nach rechts gehen. Danach auf breitem Güterweg aufwärts bis zum Gasthaus.

Rodel können für 8.- sFr inklusive Rodeltransport gemietet werden.

45. Berggasthaus Sücka

🌐	Ort	Steg		❤️	Erlebnis	★	★	★	☆	☆
⌖	Start	Parkplatz Wisli		🔭	Landschaft	★	★	★	★	☆
📍	Ziel	Gasthof Sücka		👍	Kondition	★	★	☆	☆	☆
🎚	Niveau	mittel		❄️	Winterwandern	★	★	★	★	☆
⏱	Gesamtzeit	1 Std.		🐾	Schneeschuhe	★	★	★	☆	☆
→	Distanz	2 km		🚲	Winterbiken	★	★	★	☆	☆
📍	Höchster Punkt	1.398 m		🧍	Kindertauglich	★	★	★	★	☆
🏔	Auf- / Abfahrt	⬆ 110 Hm ⬇ 110 Hm		📈	Steigung im Ø	mittelsteil 13.5%				
🗓	Jahreszeit	Dezember - März		🍴	Einkehr	Gasthof Sücka				
◎	Exposition	Nordost		📱	Telefon	+423 263 25 79				
ℹ️	Strecke	Forststraße (teils Teer)		*e*	Internet	www.suecka.li				

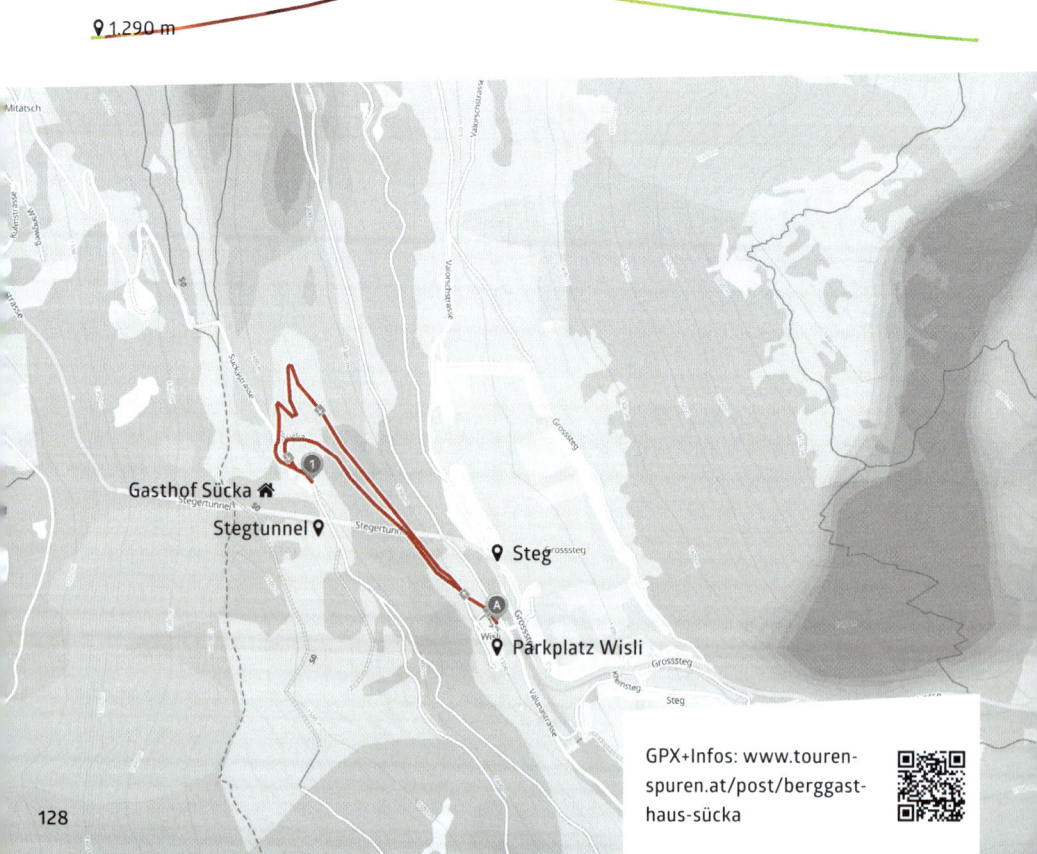

📍 1.400 m

📍 1.290 m

GPX+Infos: www.touren-spuren.at/post/berggast-haus-sücka

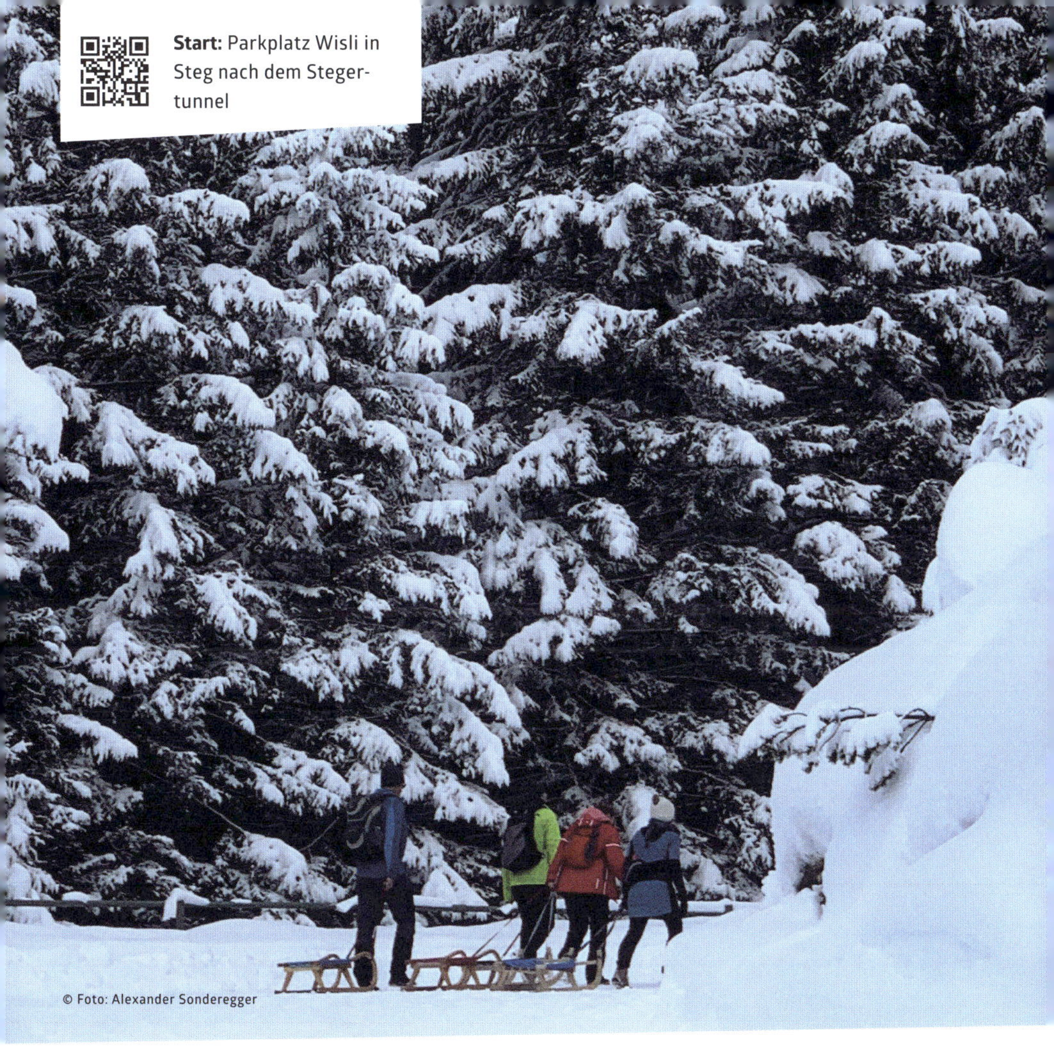

© Foto: Alexander Sonderegger

Die Rodelstrecke am Berggasthaus Sücka ist „Klein und Fein", gleich wie das Fürstentum Liechtenstein. Nach einem kurzen, getrennten Fußweg erreicht man den Gasthof Sücka.

Auf Wunsch und Anmeldung wird gerne eine Zeitmessung durchgeführt. Auf Grund der Art der Strecke und sehr guten Instandhaltung bietet sie sich geradezu für Trainingsfahrten an. Leihrodeln gibt es im Gasthof Sücka um 5.- sFr. Betreiber der Bahn ist der Rodelclub Triesenberg www. rodelclub.li.

Streckenbeschreibung: Am Startpunkt bei der Rodelbahn beim Gasthof Sücka befindet sich eine permanente Startanlage mit Startrampe. Die Bahn führt mit wenigen, gut gesicherten und überschaubaren Kurven hinunter ins Tal nach Steg. Die lange Schlussgerade wird mit einer Schikane entschärft.
Die Präparierung erfolgt professionell und bei Bedarf mehrmals täglich. Nachts wird die Bahn entsprechend der Öffnungszeiten des Berggast-hofes Sücka beleuchtet.

 Video

129

46. Hoher Hirschberg

🌐	Ort	Meistersrütti	❤	Erlebnis	★ ★ ★ ★ ☆
╤	Start	Sammelplatz	🔭	Landschaft	★ ★ ★ ★ ☆
📍	Ziel	Gh. Hoher Hirschberg	👍	Kondition	★ ★ ☆ ☆ ☆
🐞	Niveau	leicht	❄	Winterwandern	★ ★ ★ ★ ★
⏰	Gesamtzeit	1 Std.	🐾	Schneeschuhe	★ ★ ★ ★ ★
→	Distanz	7 km	🚲	Winterbiken	★ ★ ☆ ☆ ☆
📍	Höchster Punkt	1.160 m	🏃	Kindertauglich	★ ★ ★ ★ ☆
🏔	Auf- / Abfahrt	⬆ 230 Hm ⬇ 230 Hm	📈	Steigung im Ø	flach 7%
📅	Jahreszeit	Jänner – April	🍴	Einkehr	Gh. Hoher Hirschberg
⊘	Exposition	West	📱	Telefon	+41 71 787 14 67
ℹ	Strecke	Forststraße (teils Teer)	℮	Internet	www.hoherhirschberg.ch

📍 1.160 m

📍 930 m

GPX+Infos: www.touren-spuren.at/post/hoher-hirschberg-1

Start: Parkplatz in Meistersrütti an der Hirschbergstraße

© Foto: www.hoherhirschberg.ch

Das Berggasthaus am Hohen Hirschberg ist im Sommer wie im Winter ein beliebtes Ausflugsziel. Kein Wunder: Das heimelige Gasthaus ist vor allem im Winter sehr einladend und die Ausblicke auf die Alpsteinberge sind unvergleichlich. Als Rodeltour jedoch ist der Hirschberg nur bei guter Schneelage zu empfehlen. Man rodelt auf der Gasthauszubringerstraße. Das wäre grundsätzlich kein großes Problem, da nur sehr wenige Autos unterwegs sind. Ein Problem dagegen ist, dass die Straße meist recht „tief" gebahnt wird, wodurch sie im unteren Teil schnell ausapert. Und man will auf dieser Tour auf keinen Meter verzichten, da sie sowieso schon sehr kurz ist.

Streckenbeschreibung: Wenn genügend Schnee liegt, vom ersten Parkplatz auf der Straße aufwärts zum Gasthaus. Wenn beim ersten Parkplatz noch kein Schnee liegt, kann man mit dem Auto noch ca. 100 m zu einem zweiten Parkplatz fahren, oder man steigt – wie oben erwähnt – auf dem Winterwanderweg zu diesem hoch. Der Winterwanderweg geht unmittelbar beim ersten Parkplatz links bergauf (Beschilderung Richtung Hoher Hirschberg). Bei Erreichen des zweiten Parkplatzes auf der Straße weiter bis zum Berggasthaus Hoher Hirschberg.
Bei wenig Schnee ist die Tour auch eine wunderschöne Winterwanderung!

47. Pizol

🌐 Ort	Wangs	♥ Erlebnis	★ ★ ★ ★ ☆
⚓ Start	Gondelbahn Wangs	🔭 Landschaft	★ ★ ★ ★ ☆
📍 Ziel	Gondelbahn Wangs	👍 Kondition	★ ★ ★ ★ ☆
⏱ Niveau	mittel	❄ Winterwandern	★ ★ ★ ★ ★
⏰ Gesamtzeit	3 Std.	🐾 Schneeschuhe	★ ★ ★ ★ ★
→ Distanz	14.6 km	🚲 Winterbiken	★ ★ ☆ ☆ ☆
📍 Höchster Punkt	1.522 m	🙆 Kindertauglich	★ ★ ★ ★ ☆
🏔 Auf- / Abfahrt	⬆ 1.013 Hm ⬇ 1.013 Hm	📈 Steigung im Ø	mittelsteil - steil 14%
🗓 Jahreszeit	Dezember – April	🍴 Einkehr	Berghotel Furt
⊙ Exposition	Nordost	☐ Telefon	+41 81 723 21 66
ℹ Strecke	Forststraße (teils Teer)	𝑒 Internet	www.hotel-furt.ch

📍 1.520 m

📍 550 m

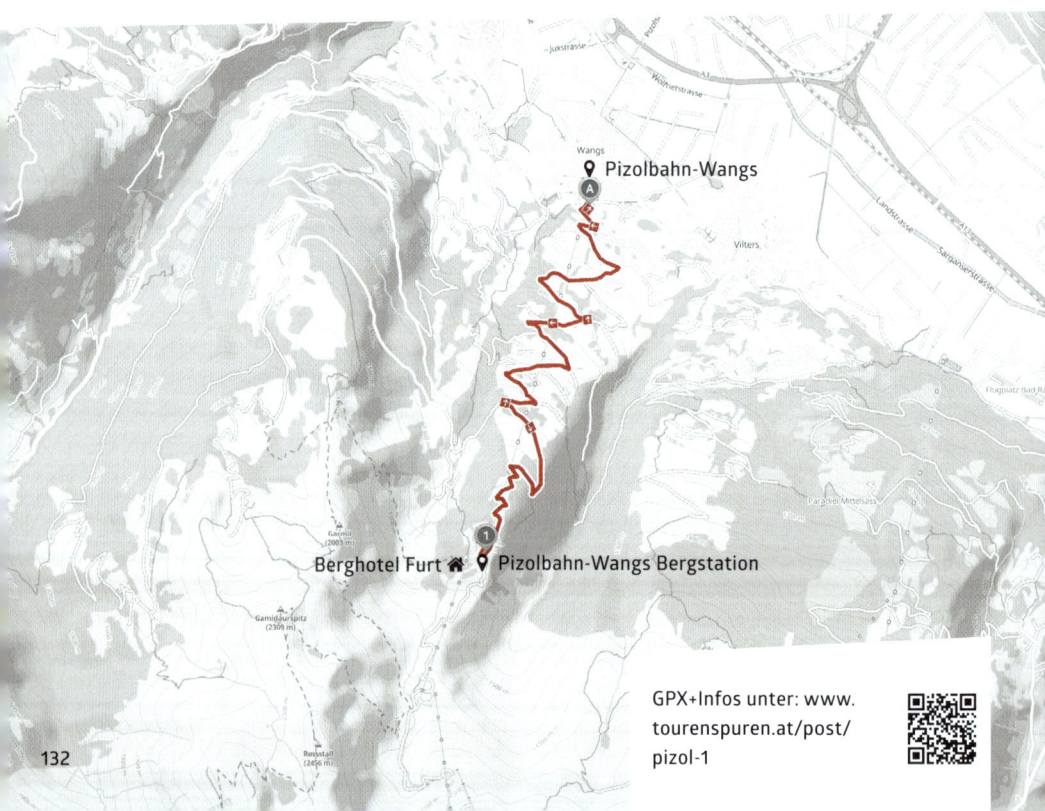

Pizolbahn-Wangs

Berghotel Furt 🏠 📍 Pizolbahn-Wangs Bergstation

GPX+Infos unter: www.
tourenspuren.at/post/
pizol-1

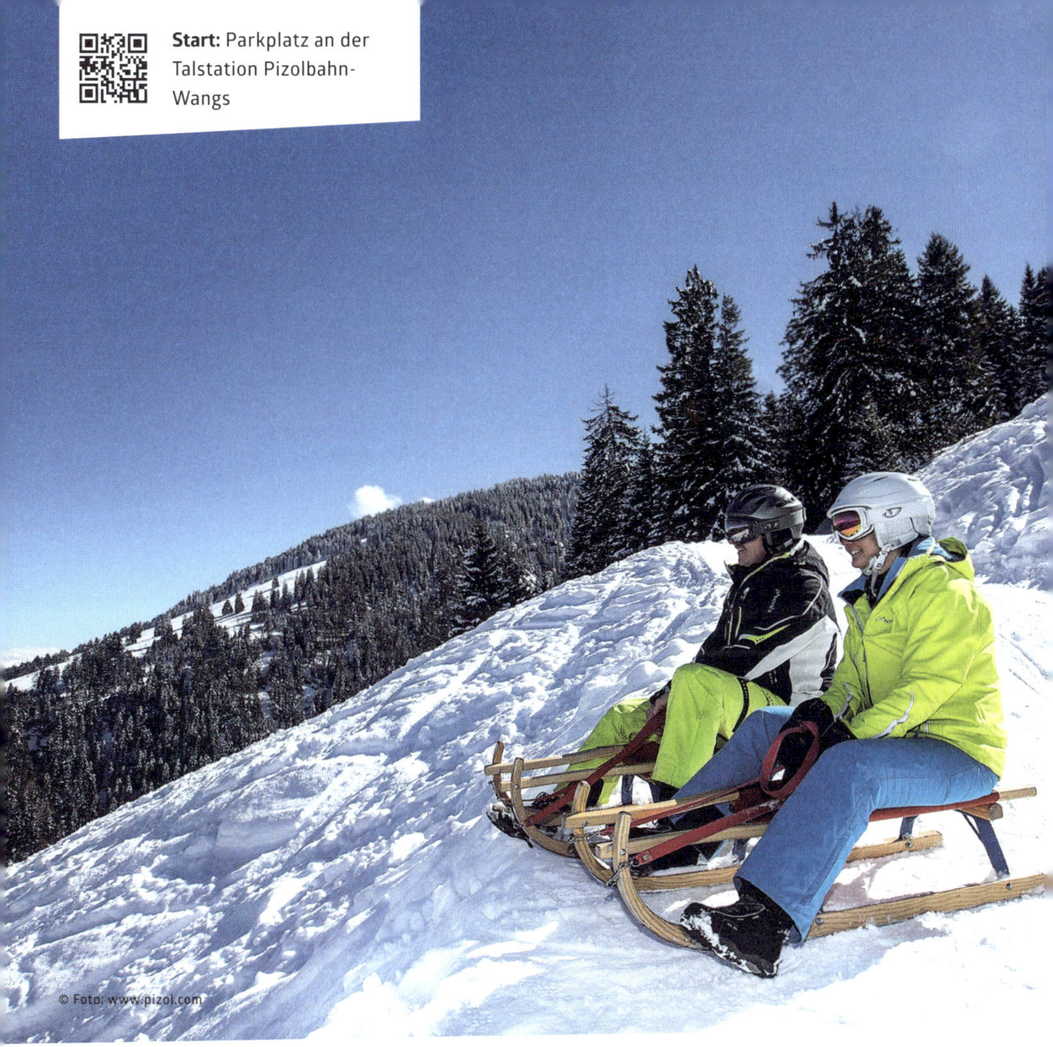

© Foto: www.pizol.com

Die Rodelstrecke am Pizol zaubert allen Rodelfans bestimmt ein langanhaltendes Grinsen ins Gesicht. Abseits der Skipisten findet man am Pizol eine 3.5 km lange Rodelstrecke mit einer Weitsicht über das St. Galler Rheintal bis zum Bodensee. Von Wangs im Rheintal führt dich die Gondelbahn über die Mittelstation Maienberg bis zur Bergstation und zum Beginn der täglich präparierten Rodelbahn in Furt. Dort befinden sich auch verschiedene Berghotels mit Restaurants, in welchen du dich zwischendurch gut aufwärmen kannst.

Streckenbeschreibung: Die oberen 3.5 km Rodelbahn bis Maienberg führen durch Wälder und sind gemütlich und ideal für Familien mit Kindern geeignet. Bei sehr guten Schneeverhältnissen kann man ab der Mittelstation die Talabfahrt bis Wangs unter die Kufen nehmen. Insgesamt zählt die Rodelstrecke dann mit 6 km zu einer der längsten in der Ostschweiz. Dieser Streckenabschnitt ist etwas steiler und erfordert gute Rodelkenntnisse. Beim Weiler Tuggenboden befindet sich das offizielle Ende der Rodelbahn. Das letzte Stück bis zur Talstation in Wangs wird mit einem kurzen Spaziergang zu Fuß zurückgelegt. Saison- und Jahreskarten beinhalten das unbegrenzte Rodeln am Tag und auch bei Nacht.

 Video

48. Flumserberg

🌐	Ort	Flums / Flumserberg	❤	Erlebnis	★ ★ ★ ★ ☆
⚆	Start	Gondelbahn Prodalp	🔭	Landschaft	★ ★ ★ ★ ☆
📍	Ziel	Prodalp	👍	Kondition	★ ★ ★ ★ ☆
🎛	Niveau	mittel	❄	Winterwandern	★ ★ ★ ★ ★
⏱	Gesamtzeit	2.5 Std.	🐾	Schneeschuhe	★ ★ ★ ★ ★
→	Distanz	6.9 km	🚴	Winterbiken	★ ★ ☆ ☆ ☆
📍	Höchster Punkt	1.570 m	🤸	Kindertauglich	★ ★ ★ ★ ☆
🏔	Auf- / Abfahrt	⬆ 330 Hm ⬇ 330 Hm	📈	Steigung im Ø	mittelsteil 10%
🗓	Jahreszeit	November – April	🍴	Einkehr	Bergrestaurant Prodalp
⊙	Exposition	Nordost	☐	Telefon	+41 81 733 27 23
ℹ	Strecke	Wiesen / Forststraße	e	Internet	www.prodalp.ch

GPX+Infos unter: www.
tourenspuren.at/post/
flumserberg

Start: Parkplatz Talstation Tannenheim Flumserberg

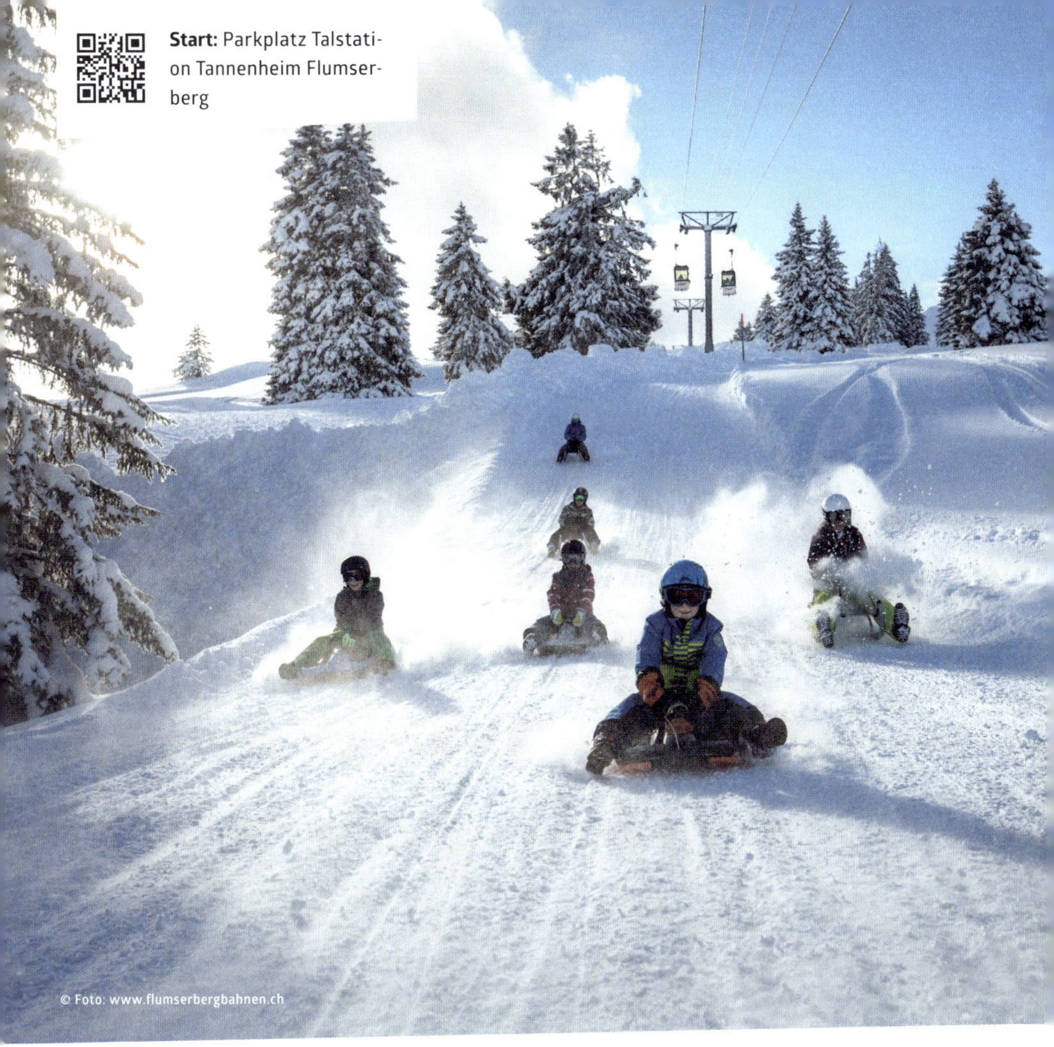

© Foto: www.flumserbergbahnen.ch

Am Flumserberg oberhalb des Walensees bleiben keine Rodlerwünsche offen. Hier finden Groß und Klein die gewünschte und passende Rodellinie. Auf die Rodel, fertig, los! So lautet das Motto am Flumserberg, dem viele Rodler gerne folgen. Denn die mehrere Kilometer lange Rodelstrecke garantiert jede Menge Winterspaß für die gesamte Familie. Start und Ziel ist in unmittelbarer Nähe zur Gondelbahnstation Prodalp-Express. Oder wolltest du schon immer einmal bei Nacht rodeln? Das und noch mehr erwartet dich am Flumserberg mit märchenhaftem Bergpanorama. Nachtrodeln jeden Do. und Sa. von 19 - 21 Uhr. Saisonstart ist bei günstiger Schneesituation schon im November, in der Regel aber spätestens vor Weihnachten.

Streckenbeschreibung: Rodelstrecke Prodalp nach Tannenheim: Auf insgesamt 3 km lockt die mittelschwere Rodelstrecke am Flumserberg mit einer Extraportion Familienspaß. Die Strecke verläuft von Prodalp nach Tannenheim – gestartet wird neben dem Bergrestaurant Prodalp. Das Ende der Bahn ist direkt an der Talstation der Gondelbahn Prodalp-Express in Tannenheim. Für Kleinkinder ist diese Abfahrt zwar nicht geeignet, das Skigebiet am Flumserberg bietet aber verschiedene attraktive Angebote für Familienausflüge mit Kindern wie zum Beispiel der Kinderrodelhügel direkt auf der Prodalp.

Video

49. Kronberg

🌐 Ort	Jakobsbad		♥ Erlebnis	★ ★ ★ ★ ☆
ⵜ Start	Luftseilbahn Kronberg		🔭 Landschaft	★ ★ ★ ★ ★
📍 Ziel	Berggasthaus Kronberg		👍 Kondition	★ ★ ★ ★ ☆
🎛 Niveau	mittel - schwer		❄ Winterwandern	★ ★ ★ ★ ★
⏱ Gesamtzeit	4 Std.		🐾 Schneeschuhe	★ ★ ★ ★ ☆
→ Distanz	15.5 km		🚲 Winterbiken	★ ★ ☆ ☆ ☆
📍 Höchster Punkt	1.620 m		🧍 Kindertauglich	★ ★ ★ ☆ ☆
📷 Auf- / Abfahrt	⬆ 750 Hm ⬇ 750 Hm		📈 Steigung im Ø	mittelsteil 11%
🗓 Jahreszeit	Jänner – April		🍴 Einkehr	Berggasthaus Kronberg
🧭 Exposition	Nordost / Nordwest		📱 Telefon	+41 71 794 12 89
ℹ Strecke	Forststraße (teils Teer)		℮ Internet	www.kronberg.ch

📍 1.620 m

📍 970 m

GPX+Infos unter: www.
tourenspuren.at/post/
kronberg

Start: Parkkplatz Luftseilbahn Jakobsbad Kronberg

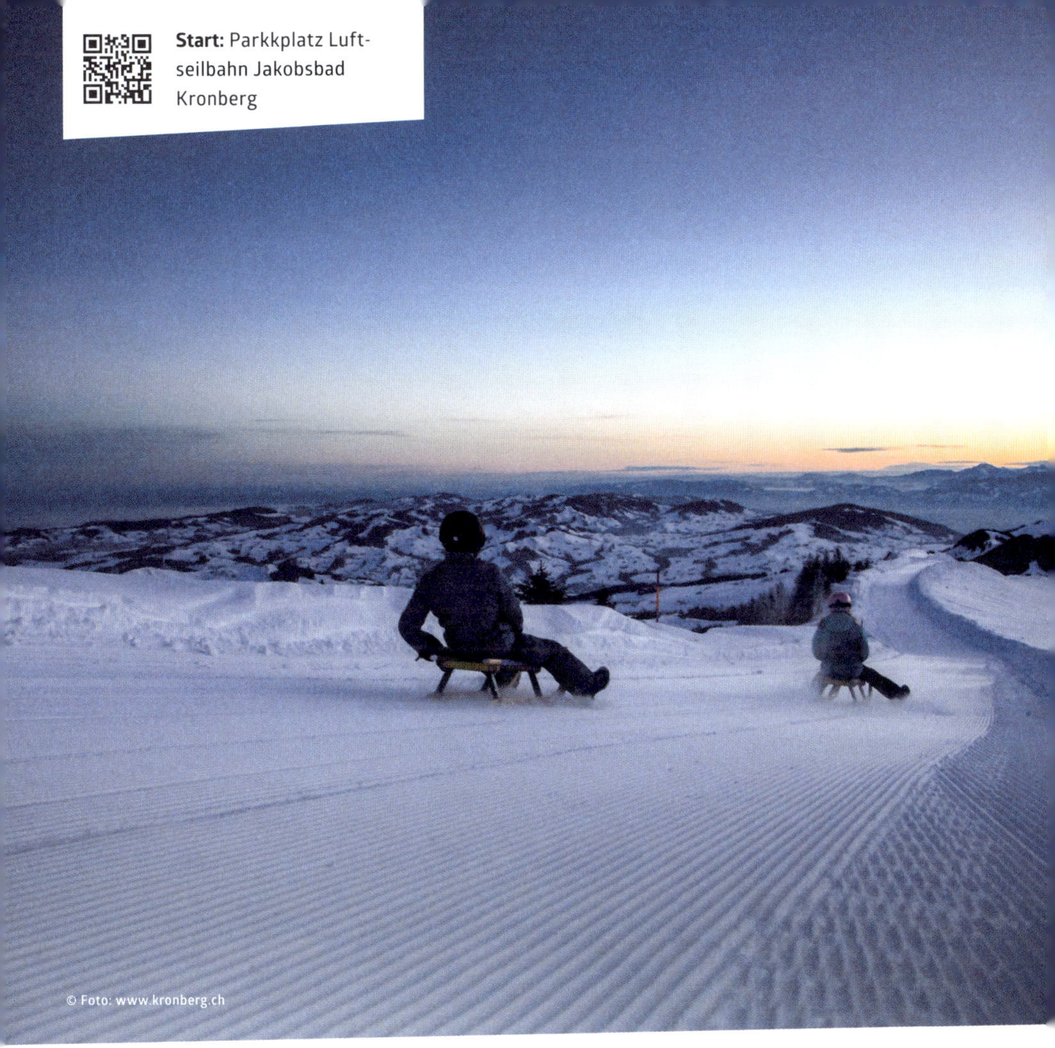

© Foto: www.kronberg.ch

Die längste Rodelstrecke der Ostschweiz zu sein, soll noch nichts heißen. Weitere Pluspunkte dieser Rodelbahn sind perfekte Infrastruktur mit der Luftseilbahn Jakobsbad-Kronberg und eine Rodelstrecke in fantastischem Bergpanorama. Der überschaubare Anfahrtsweg ins benachbarte Appenzellerland wird sich für dich mehr als lohnen, denn der Rodelspaß für dich und die ganze Familie ist hier garantiert.

Streckenbeschreibung: Der Kronberggipfel ist bequem ab Jakobsbad mit der Luftseilbahn oder auch gemütlich per Fuß zu erreichen. Oben angekommen, steht man nach einem kurzen Fußmarsch beim Gipfelkreuz und zugleich beim Start dieser wirklich langen und schönen Rodelstrecke. Die Aussicht von hier oben ist atemberaubend: Vor dir liegt der Alpstein und die Nordwand des mächtigen Säntis sowie die im Herbst oft vom Nebelmeer verschluckte Bodenseeregion. Die sieben Kilometer lange Rodelstrecke führt an der Scheidegg vorbei. Dann passierst du weiters die Chlepfhütte und erreichst schließlich die Talstation der Kronbergbahn. Die Rodelstrecke wird den ganzen Winter bestens präpariert. Ein unvergessliches Erlebnis mit rasanten Passagen ist garantiert!

Video

50. Damüls Mellau Faschina

Das Familienskigebiet Damüls Mellau Faschina ist ein wahrer Spaßgarant für jede Familie. Anfänger wie auch gute Skifahrer finden hier für jeden Geschmack die gewünschte Herausforderung. Auch Langlaufen, Nachtskifahren, Snowpark und feinste Freeride-Lines erwarten dich in diesem bestens erreichbaren Skigebiet im Herzen von Vorarlberg.

ⓘ office@seilbahnendamuels.at ▯ +43 5510 600 ℮ www.damuels-mellau.at

🌐	Ort	Damüls, Mellau, Faschina	♥	Erlebnis	★	★	★	★	☆
🚡	Bahnen + Lifte	29	🔭	Landschaft	★	★	★	★	★
→	Pistenkilometer	109 km	❄	Winterwandern	★	★	★	★	★
📍	Höchster Punkt	2.009 m	🐾	Schneeschuhe	★	★	★	★	★
📅	Jahreszeit	Dezember – April	🚲	Winterbiken	★	★	★	★	☆
☑	Snowpark	snowparkdamuels.com	🧍	Kindertauglich	★	★	★	★	★

Familientickets + Tarif-
übersicht mit allen Ange-
boten

© Foto: Sepp Mallaun

Pistenplan mit allen Pisten, Bahnen und Liften

© Foto: Sepp Mallaun

Dein erstes Mal auf Ski oder Board steht dir bevor? Dann ist Damüls Mellau Faschina sicher die richtige Wahl. Hier erwarten Anfänger und Kids wie auch erfahrene Genussskifahrer beste Bedingungen. In jedem der drei Orte können Anfänger auf Förderbändern oder Übungsliften ihre ersten Versuche im Schnee absolvieren. Zukünftige Skistars entdecken ihre Liebe zum Wintersport auf den 5 Übungshängen.

In Mellau erwartet dich der Übungslift Easy Cheesy mit Funpark zwischen Rossstelle und Gipfelbahn Kinderwelt Hasenlift (im Tal). In Damüls laden der Übungslift Sunnegg und Kinderwelt Indianer Bunny-Club ein, in Faschina sind dies Übungslift Faschinajoch und zwei Förderbänder.

Die Skischulen haben spezielle Kurse für Anfänger und Kinder. Günstige Skikarten für die Übungslifte machen den Einstieg noch leichter. Sonne, Schnee und easy Pisten machen das Skigebiet zum Spaßgaranten.

 Video   Webcams   139

51. Bödele Schwarzenberg

Das Familienskigebiet direkt vor deiner Haustür. Große und kleine Abfahrer schätzen besonders die zentrale Lage, die einfache und schnelle Anreise und den Naturschnee im gesamten Gebiet. Der Charme der gemütlichen Skihütten und der Service der Restaurants tun ein Übriges, um einen schönen Skitag abzurunden. Rübe – unser Maskottchen am Bödele – begleitet euch beim Skifahren durch das Skigebiet. In den Skischulen werden die Kleinen bestens betreut.

ⓘ info@schwarzenberg.at ☐ +43 5572 7321 ℮ www.boedele.info

🌐 Ort	Schwarzenberg		♥ Erlebnis	★	★	★	★	☆
🚡 Bahnen + Lifte	10		🔭 Landschaft	★	★	★	★	★
→ Pistenkilometer	24 km		❄ Winterwandern	★	★	★	★	★
📍 Höchster Punkt	1.450 m		🐾 Schneeschuhe	★	★	★	★	☆
🗓 Jahreszeit	Dezember – April		🚲 Winterbiken	★	★	☆	☆	☆
☑ Skischulen	boedele.info/skischulen		🧍 Kindertauglich	★	★	★	★	★

Familientickets + Tarifübersicht mit allen Angeboten

© Foto: Sepp Mallaun

Pistenplan mit allen Pisten, Bahnen und Liften

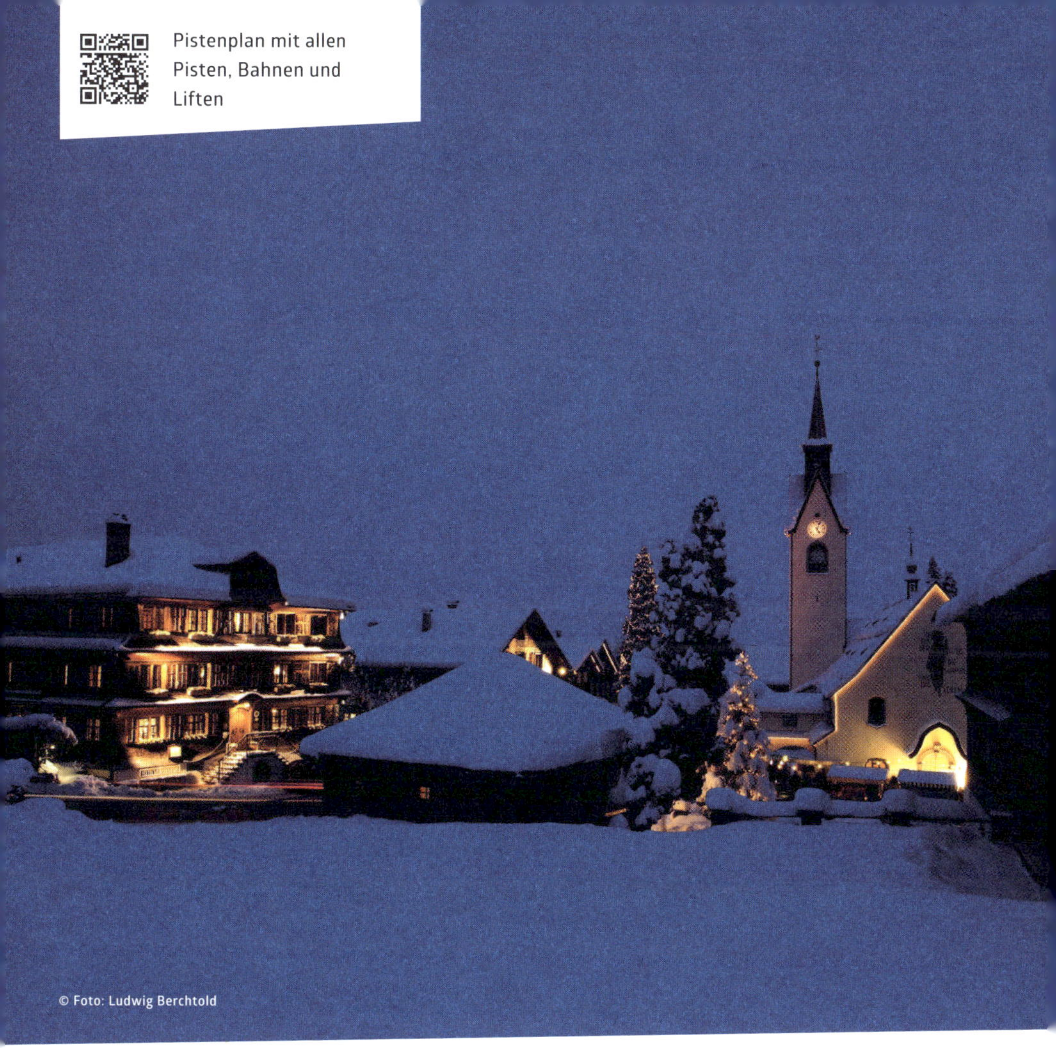

© Foto: Ludwig Berchtold

Seit vielen Jahren schon ist der Schneemann das Maskottchen des Bödele. Nun wurde quasi ihm zu Ehren eine eigene Pistenstrecke, der Schneemann Parcours, eingerichtet. Auf einer Länge von 150 Metern können Alt und Jung, Groß und Klein, Anfänger und Profis sich an den lustigen Figuren vergnügen. Gestartet wird bei der großen Toucan-Säule, danach warten Drehfiguren zum Abklatschen, Ski-Boxing oder High-5. Andere wollen als befahrbare Hindernisse bewältigt werden und schlussendlich geht es über den einen oder anderen Kicker durchs Ziel. Der neue Schneemann-Parcours befindet sich zwischen Lank- und Schanzenblicklift und wartet darauf, entdeckt zu werden.

Argumente für die ganze Familie

· günstige Punkte- und Familienkarten
· ideal für Kinder und Anfänger
· gute, sonnige Lage „vor der Haustür"
· Abfahrten in allen Schwierigkeitsgraden
· bestens präparierte Pisten
· Naturschneegebiet
· keine Lawinengefahr

Park & Ride: Gemütlich und gratis mit dem Bus aufs Bödele fahren. Oder Parkticket an der Liftkassa anrechnen lassen.

.

Video

Webcams

52. Laterns Gapfohl

Stressfreies Wintervergnügen bietet das überschaubare Skigebiet den ganzen Winter über. Freie Fahrt auf den Pisten, schnelles Vorankommen an den Liften und das vielseitige Angebot zu moderaten Preisen machen Laterns für Familien zum wahren Genuss. Mit Freundlichkeit und Qualität überzeugt das Skigebiet auf 27 Pistenkilometern, die sowohl Anfängern als auch Könnern alles bieten, was das Herz begehrt. „Sich ganz einfach wohlfühlen" lautet das Motto im Laternsertal.

ℹ️ info@laterns.net   📱 +43 5526 252   🌐 www.laterns.net

🌐	Ort	Laterns		♥	Erlebnis	★	★	★	☆ ☆
🚡	Bahnen + Lifte	5		🔭	Landschaft	★	★	★	★ ☆
→	Pistenkilometer	27 km		❄	Winterwandern	★	★	★	★ ★
📍	Höchster Punkt	1.785 m		🐾	Schneeschuhe	★	★	★	★ ★
📅	Jahreszeit	Dezember – April		🚲	Winterbiken	★	★	★	☆ ☆
☑	KInderland	tinyurl.com/yaasnafe		🧍	Kindertauglich	★	★	★	★ ☆

Familientickets + Tarif-
übersicht mit allen Ange-
boten

© Foto: Sepp Mallaun

Pistenplan mit allen Pisten, Bahnen und Liften

© Foto: Sepp Mallaun

Das Laternsertal mit seinen Ortschaften Laterns-Thal, Bonacker und Innerlaterns ist ein Seitenarm des Vorarlberger Oberlandes. Das Skigebiet Laterns-Gapfohl bietet auf 27 Pistenkilometern mit zwei Sesselbahnen, zwei Schleppliften, einem Übungslift und einem Zauberteppich für nahezu jede Herausforderung den passenden Schwierig-keitsgrad. Von Übungshängen über Familien- und Tourenabfahrten bis hin zu Abfahrtsvarianten für besonders Sportliche. Familien schätzen die gute Übersichtlichkeit des Gebiets, bei der die Kleinen stets im Blickfeld bleiben. Die Förderkapazität von 9.000 Personen/Stunde garantiert nahezu ‚staufreie' Skitage.

Leistungsstarke Schneekanonen mit eigenem Speichersee sorgen dafür, dass sich die Pisten winterlich weiß präsentieren. Eine vier Kilometer lange Rodelbahn rundet das sportliche Angebot ab. Alle Pisten sind mit dem Vorarlberger Pisten-gütesiegel ausgezeichnet.

 Video   Webcams

53. Brandnertal

Bestens präparierte Pisten, lange Abfahrten und urige Skihütten gesucht?
Hiermit gefunden. Im Brandnertal garantieren 64,4 Pistenkilometer Winterspaß in einer
beeindruckenden Bergwelt. Für Komfort ab der ersten Minute sorgen zwei Gondelzu-
stiege im Dorf sowie 13 moderne Liftanlagen.
Die Panoramabahn verbindet die beiden Skigebietsteile Brand und Bürserberg über eine
Schlucht hinweg und liefert spektakuläre Momente auf knapp 1700m.

ℹ *tourismus@brandnertal.at* ☐ *+43 5559 555* ℮ *www.brandnertal.at*

🌐	Ort	Brand		♥	Erlebnis	★	★	★	★ ☆
🚡	Bahnen + Lifte	13		🔭	Landschaft	★	★	★	★ ☆
→	Pistenkilometer	65 km		❄	Winterwandern	★	★	★	★ ★
📍	Höchster Punkt	1.980 m		🐾	Schneeschuhe	★	★	★	★ ★
🗓	Jahreszeit	Dezember – April		🚲	Winterbiken	☆	☆	☆	☆ ☆
☑	Nachtskilauf	Donnerstag 18 - 20 Uhr		🧍	Kindertauglich	★	★	★	★ ★

Familientickets + Tarif-
übersicht mit allen Ange-
boten

© Foto: www.brandnertal.at

![Foto: www.brandnertal.at]

© Foto: www.brandnertal.at

Direkt im Ort Brand in einer der beiden Gondelbahnen einsteigen und in wenigen Minuten in die faszinierende Bergwelt des Brandnertals eintauchen. Die Vielfalt an Winteraktivitäten in Brand ist enorm und all das in einer unbeschreiblichen Bergkulisse. Drei lange Talabfahrten erfreuen das Skifahrerherz. Für weitere Höhenflüge sorgt die Panoramabahn, die die beiden Skigebietsteile Brand und Bürserberg über eine Schlucht hinweg verbindet. Wer lieber gemütlich durch einsame Winterlandschaften stapft, findet auf zahlreichen Schneeschuh- und Winterwanderwegen traumhafte Aussichten.

Beim Winter- oder Schneeschuhwandern eröffnet sich die ungeahnte Stille der Berge. Das Gefühl lautlos durch die verschneite Landschaft zu gleiten, macht das Langlaufen zu einem Vergnügen. Und als Tourengeher dringt man in unberührte Landschaften vor und tankt so Energie für den Alltag. Rodeln, Eislaufen, Kutschen- und Hundeschlittenfahrten ergänzen die Möglichkeiten im Brandnertaler Winter.

Alle News findest du im Blog unter:
www.blog.brandnertal.at

 Video   Webcams

54. Erlebnisberg Golm

Skifahren und Snowboarden am Erlebnisberg im Montafon. Am Golm erwarten dich neun top-moderne Liftanlagen und 44 bestens präparierte Pistenkilometer. Vom einfachen Übungsgelände über die gemütliche Familienabfahrt bis hin zur anspruchsvollen Weltcupstrecke - hier findest du garantiert die passende Skipiste! Und übrigens, am Golm können 100 % der Pisten maschinell beschneit werden.

ⓘ info@gsl-tourismus.at ▢ +43 5556 701 83167 ℮ www.golm.at

⊕	Ort	Vandans		♥	Erlebnis	★	★	★	★	☆
🚡	Bahnen + Lifte	9		🔭	Landschaft	★	★	★	★	★
→	Pistenkilometer	44 km		❄	Winterwandern	★	★	★	★	★
📍	Höchster Punkt	1.450 m		🐾	Schneeschuhe	★	★	★	★	☆
🗓	Jahreszeit	Dezember – April		🚲	Winterbiken	★	★	☆	☆	☆
☑	Adventurenight	youtu.be/CgnAyGZx9lw		🧍	Kindertauglich	★	★	★	★	☆

Familientickets + Tarif-übersicht mit allen Angeboten

© Foto: Andreas Haller

Pistenplan mit allen Pisten, Bahnen und Liften

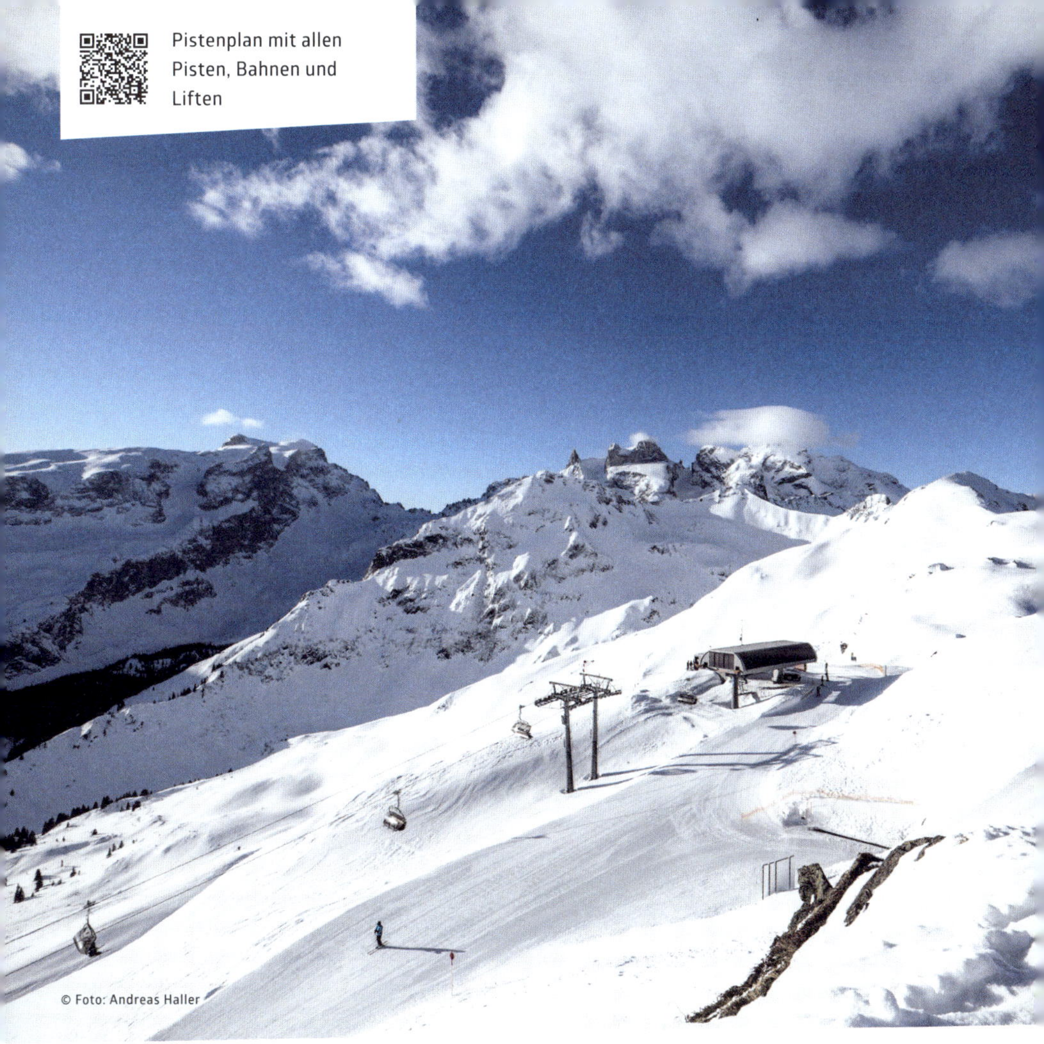
© Foto: Andreas Haller

Ob Anfängerlift oder Familienabfahrt, das Skigebiet Golm stellt Familien in den Mittelpunkt und bietet zahlreiche Familienattraktionen und einfache Abfahrten für Skianfänger. Doch nicht nur Familienwinterspaß ist am Golm garantiert, hier kommen auch erfahrene Skifahrer voll und ganz auf ihre Kosten.

Bereit für die längste Abfahrt? Mit 9,2 km und 1.460 m Höhenunterschied wird auch den besten Skifahrern und Snowboardern so einiges abverlangt. Hier ist gute Kondition gefragt! Von der Rätikonbahn Bergstation geht es direkt hinab zur Golmerbahn Talstation Vandans.

Die Hüttenkopfbahn ist die weltweit erste Seilbahn, die von der Kraft der Sonne angetrieben werden kann und ist von der Bergstation Grüneck über die Piste 7 erreichbar.

Die Diabolo-Piste ist eine der steilsten Abfahrten im Land! Und damit nichts für schwache Nerven. Mit bis zu 70 % Gefälle und 312 m Länge ist sie eine echte Herausforderung. Die schwarze Piste befindet sich direkt bei der Außergolmbahn. Wintersportler, die sich nicht ganz sicher fühlen, können die steilste Schlüsselstelle umfahren.

Video

Webcams

55. Silvretta Montafon

Die längste Talabfahrt Vorarlbergs. Pisten mit Neigungen zum Niederknien. Ein weitläufiges Backcountry, das das Gefühl von Freiheit weckt. Einzigartige Bergerlebnisse, die zum Staunen bringen und für unvergessliche Momente sorgen. Kulinarik-Hotspots – so vielseitig wie du. Gastgeber, die dich mit einem breiten Lächeln empfangen und mit Insidertipps versorgen. All das macht das Skigebiet Silvretta Montafon aus.

ℹ️ service@silvretta-montafon.at ☎ +43 5557 6300 🌐 www.silvretta-montafon.at

🌐 Ort	Schruns	♥ Erlebnis	★	★	★	★	☆
🚡 Bahnen + Lifte	35	🔭 Landschaft	★	★	★	★	★
→ Pistenkilometer	140 km	❄ Winterwandern	★	★	★	★	☆
📍 Höchster Punkt	2.275 m	🐾 Schneeschuhe	★	★	★	★	★
🗓 Jahreszeit	Dezember – April	🚲 Winterbiken	★	☆	☆	☆	☆
☑ Snowpark	youtu.be/1tVvſ1gQ6Pw	👤 Kindertauglich	★	★	★	☆	☆

Familientickets + Tarifübersicht mit allen Angeboten

Pistenplan mit allen Pisten, Bahnen und Liften

© Foto: Stefan Kothner

Es ist sozusagen ein Ritual: Kaum ist das süd-lichste Tal des Bundeslandes in greifbarer Nähe und das Skigebiet Silvretta Montafon nur noch um Haaresbreite entfernt, beginnt sie: die Freude auf Schnee. Ein schneebedeckter Gipfel nach dem anderen lässt dich staunen. Hinzu kommen perfekt präparierte Pisten, moderne Liftanlagen und die längste Talabfahrt Vorarlbergs mit 1.700 Metern Höhenunterschied.

Familien-Skigebiet für jede Könnerstufe: Eine große Auswahl an blauen und roten Pisten. Drei Skischulen samt Profis, die den kleinen Pisten-flitzern das Wedeln auf dem weißen Untergrund beibringen.

Beste Übungshänge und Förderbänder sowie kinderfreundliche Restaurants und ein liebens-wertes Maskottchen namens Monti Lux. Ein Winterfamilienurlaub im Vorarlberger Skigebiet Silvretta Montafon ist definitiv die richtige Wahl!

Perfekt präparierte Pisten, moderne Liftanlgen und Förderbänder mit Höhenunterschieden, die dich ins Staunen versetzen: Da ist Wintervergnü-gen für jedes Familienmitglied dabei!

 Video   Webcams

56. Sonnenkopf Klostertal

Im Skigebiet Sonnenkopf, da kommen sich Sonne, Schnee und Familien viel näher als anderswo! Das mittlerweile weit über die Grenzen Vorarlbergs hinaus bekannte und beliebte Familien-Skigebiet Sonnenkopf liegt direkt am Fuße des weltbekannten Arlbergs. Aufgrund der optimalen Höhenlage (bis 2.300 m) ist der Sonnenkopf als eines der wenigen Naturschnee-Skigebiete bekannt. Begünstigt durch die ideale topografische Lage gilt der Sonnenkopf als äußerst schneesicher.

ⓘ *info@sonnenkopf.com* ☐ *+43 5582 2920* ℮ *www.sonnekopf.com*

🌐	Ort	Klösterle am Arlberg	♥	Erlebnis	★	★	★	★	☆
🚠	Bahnen + Lifte	8	🔭	Landschaft	★	★	★	★	★
→	Pistenkilometer	30 km	❄	Winterwandern	★	★	★	★	☆
📍	Höchster Punkt	2.300 m	🐾	Schneeschuhe	★	★	★	★	★
📅	Jahreszeit	Dezember – April	🚲	Winterbiken	★	☆	☆	☆	☆
☑	Kurse für Kids	skischule-klostertal.at	🧍	Kindertauglich	★	★	★	★	☆

Familientickets + Tarif-übersicht mit allen Angeboten

© Foto: Dietmar Denger

 Pistenplan mit allen Pisten, Bahnen und Liften

© Foto: Alex Kaiser

Insider wissen die hervorragende Schneequalität bis ins späte Frühjahr besonders zu schätzen. Erholsame Winterwanderwege sowie eine tolle Rodelbahn lassen auch die Herzen der Nichtskifahrer höher schlagen.

Ob Anfänger oder Könner, ob Jung oder Junggeblieben - mit dem vielseitigen Pistenangebot im Skigebiet Sonnenkopf findet jeder sein ganz persönliches Skierlebnis. Natürlich besteht auch für Anfänger und Profis, für Kinder und Erwachsene die Möglichkeit, sich Ski, Snowboard und Zubehör auszuborgen.

Speziell für Familien gibt es preisgünstige Familien-Tageskarten. Das Preis-Leistungsverhältnis kann sich im Skigebiet Sonnenkopf auf jeden Fall sehen lassen!

 Video   Webcams

57. Kristberg Silbertal

Familienfreundlich ist die richtige Bezeichnung für das Genuss-Skigebiet am Krist-
berg. Sollte Frau Holle den Kristberg vergessen haben, so wird mittels der modernen
Beschneiungsanlage nachgeholfen. Somit bietet der Kristberg auch in schneearmen
Zeiten gute Pistenverhältnisse. Die Ruhe und die sehr gute Überschaubarkeit bietet den
Genussskifahrer, den Familien, den Kindern, dir,… ein sehr entspanntes Skivergnügen.

ⓘ info@kristbergbahn.at ☐ +43 5556 74 119 ℰ www.montafon.at

🌐	Ort	Silbertal		♥	Erlebnis	★	★	★	☆
🚠	Bahnen + Lifte	2		🔭	Landschaft	★	★	★	★ ★
→	Pistenkilometer	4.5 km		❄	Winterwandern	★	★	★	★ ★
📍	Höchster Punkt	1.480 m		🐾	Schneeschuhe	★	★	★	★ ★
🗓	Jahreszeit	Dezember – April		🚲	Winterbiken	★	☆	☆	☆ ☆
☑	Winterspecials	tinyurl.com/8jw5n66x		👤	Kindertauglich	★	★	★	☆

Familientickets + Tarif-
übersicht mit allen Ange-
boten

Foto: Andreas Haller

Pistenplan mit allen Pisten, Bahnen und Liften

© Foto: Andreas Haller

Die 2 Skilifte mit 300 Meter und 700 Meter Länge, das Förderband bei „Silbis Winterwelt" und die 4 bestens präparierten Skipisten bieten für Familien mit Kindern und auch für geübte Skifahrer wahren „Genuss pur". Der Schwierigkeitsgrad ist leicht bis mittel (Blau und Rot).
„Silbis Winterwelt" ist ideal für Anfänger und Kinder und ein für alle öffentlich und kostenlos nutzbares Übungsgelände mit dem Sunkid Zauberteppich (Förderband). Dem Genussskifahren steht nichts mehr im Weg. Bei ausreichender Schneelage gibt es auch eine 4,5 km Skiroute ins Silbertal. Wenn es frisch geschneit hat, sind die Tiefschneehänge ein ganz besonderes Erlebnis für sich.

Schneespass für Alpin-Ski-AnfängerInnen mit der Schneesportschule Silbertal: Jeweils am Sonntag und Montag von 9:30 bis 11:30 Uhr bzw. Dienstag bis Donnerstag, von 14 bis 16 Uhr (optional auch von 9:30 bis 11.30 Uhr auf Anfrage). Stattfindendes Beginnerangebot „Meine ersten Bewegungen mit Alpinskiern im Schnee" für alle Schneezwerge (Kinder von 4 bis 7 Jahre), die sich gerne für ein paar Stunden von SkilehrerInnen fachmännisch anleiten lassen möchten.

 Video   Webcams

153

58. Diedamskopf

Auf der höchst gelegenen Bergstation im Bregenzerwald erlebst du das einzigartige 300 Gipfel Panorama. Hier kannst du deinen Familienurlaub in vollen Zügen genießen. Entweder gemeinsam die volle Action auf Pisten oder im Snowpark ausleben oder den Kindern freien Lauf in der Schneesportschule lassen.

ⓘ info@diedamskopf.at ☐ +43 5515 41100 ℮ www.diedamskopf.at

◉	Ort	Schoppernau	♥	Erlebnis	★	★	★	★	☆
⬮	Bahnen + Lifte	8	👀	Landschaft	★	★	★	★	★
→	Pistenkilometer	40 km	❄	Winterwandern	★	★	★	★	★
📍	Höchster Punkt	2.090 m	🐾	Schneeschuhe	★	★	★	★	☆
📅	Jahreszeit	Dezember – April	🚲	Winterbiken	★	☆	☆	☆	☆
☑	Nachtskilauf	tinyurl.com/u5mn9w5h	🧍	Kindertauglich	★	★	★	★	☆

Familientickets + Tarifübersicht mit allen Angeboten

Pistenplan mit allen
Pisten, Bahnen und
Liften

© Foto: Sepp Mallaun

Von Mitte Dezember bis Anfang April ist es soweit: Der Naturschnee knirscht unter den Skiern
und ein unvergleichliches Panorama lockt! Neun
Liftanlagen und 40 bestens gepflegte Pistenkilometer stehen im übersichtlichen Skigebiet
Diedamskopf zur Verfügung.

Am Diedamskopf bieten sich ideale Bedingungen
für Anfänger, als auch für geübte Skifahrer mit
rasanten und anspruchsvollen Pisten – vom
Nachwuchs bis zum erfahrenen Profi kommen
alle auf ihre Kosten.

Und ob Jung oder Alt, das einzigartige Panorama
bringt alle zum Staunen: Rund 300 Gipfel der
Allgäuer- und Lechtaler Alpen, dem Lechquellen-
Gebiet, des Rätikons, der Glarner Alpen, des
Alpstocks, des Säntis sowie das Ulmer Münster
und der Bodensee sind vom Diedamskopf aus
zu sehen. Skifans können sich darauf einstellen,
dass jede Abfahrt zu einem Erlebnis wird.

 Video   Webcams

155

59. Schetteregg

Schneeweiß präsentiert sich unser Skigebiet Schetteregg, die Heimat des Schetti-fuchses. Auf 1.100 bis 1.400 m Seehöhe stehen euch 10 km bestens präparierte Pisten mit günstigen Zeit- und Familienkarten zur Verfügung. Das Skigebiet Schetteregg begeistert vor allem auch die kleinen Wintersportler. Die zentrale Lage im Bregenzerwald, das preisgünstige und familienfreundliche Kartenarrangement und die bestens präparierten Pisten machen das Skigebiet sehr attraktiv.

🛈 office@schetteregg.at ☐ +43 5512 4750 🅔 www.schetteregg.at

🌐	Ort	Egg-Schetteregg	♥	Erlebnis	★	★	★	★	☆
🚡	Bahnen + Lifte	8	🔭	Landschaft	★	★	★	★	☆
→	Pistenkilometer	11 km	❄	Winterwandern	★	★	★	★	☆
📍	Höchster Punkt	1.400 m	🐾	Schneeschuhe	★	★	★	★	☆
🗓	Jahreszeit	Dezember – April	🚲	Winterbiken	★	☆	☆	☆	☆
☑	Pferdeschlitten	tinyurl.com/ymduhs5p	🧍	Kindertauglich	★	★	★	★	★

Familientickets + Tarif-übersicht mit allen Angeboten

© Foto: Sepp Mallaun

Pistenplan mit allen Pisten, Bahnen und Liften

© Foto: Sepp Mallaun

Die Schneesicherheit macht Schetteregg zum verlässlichen Zentrum weißen Sports. Mit der Beschneiungsanlage sorgt der Schettifuchs dafür, dass über die ganze Wintersaison das Skifahren Spaß macht.

Kinderleitsystem für die Kleinsten: Der Schettifuchs und seine Freunde erklären dir, was du auf den einzelnen Pisten können musst, um sicher herunter fahren zu können. Vom Igel über Eihhörnchen und Hasenpiste bis zur Fuchspiste wird das Skifahren spielend und mit viel Spaß vermittelt.

Winterwanderwege: Der Tourismusverein Egg hat die letzten Jahre alle Winterwanderwege einheitlich in gut sichtbarem Pink beschildert. An all diesen Wegen liegen Hütten oder Wirtshäuser zum Einkehren und Aufwärmen. Lass dich von der Küche und den gemütlichen Stuben des Bregenzerwaldes verwöhnen! www.schetteregg. at/aktivitaeten-winter/winterwanderwege/

 Video   Webcams

60. Warth Schröcken

Warth-Schröcken ist das naturschneereichste Skigebiet Europas. Die Höhenlage sowie die zahlreichen Nordhänge garantieren eine einzigartige Schneequalität bis weit ins Frühjahr hinein. Das Skigebiet Arlberg ist mit 305 Pistenkilometern und 88 Liftanlagen das größte zusammenhängende Skigebiet Österreichs. Sportliche Pistenskifahrer finden somit ihr ganz persönliches Pistenglück am schneereichen Arlberg.

ℹ️ info@warth-schroecken.com 📱 +43 5583 3515 0 🌐 www.warth-schroecken.at

🌐	Ort	Warth am Arlberg	♥	Erlebnis	★	★	★	★	☆
🚡	Bahnen + Lifte	88	🔭	Landschaft	★	★	★	★	★
→	Pistenkilometer	305 km	❄	Winterwandern	★	★	★	★	★
📍	Höchster Punkt	1.822 m	🐾	Schneeschuhe	★	★	★	★	★
📅	Jahreszeit	Dezember – April	🚲	Winterbiken	☆	☆	☆	☆	☆
☑	Paulis Kidsland	tinyurl.com/y6acscss	👤	Kindertauglich	★	★	★	☆	☆

Familientickets + Tarif-übersicht mit allen Angeboten

Pistenplan mit allen Pisten, Bahnen und Liften

© Foto: Dietmar Walser

Früh morgens als erster eine Spur in die frisch präparierte Piste ziehen, dass es hinter dir nur noch so staubt.
Oder mit Schneeschuhen durch unberührte Winterkulissen, mit einer atemberaubenden Aussicht über die Landschaft stapfen. Im Skigebiet Warth Schröcken ist für jeden genau das Richtige dabei.

Dank der Höhenlage ist von Dezember bis April Schneesicherheit hier oben garantiert. Warth-Schröcken ist Teil von Ski Arlberg und gehört somit zum größten Skigebiet Österreichs. „Run of Fame" ist eine der spektakulärsten Skirunden der Alpen.

Paulis Kinderland Hier haben schon Olympiasieger und Weltmeister das Skifahren gelernt! Paulis Kinderland befindet sich in unmittelbarer Nähe zur Talstation Steffisalp-Express direkt unterhalb des Hotel Wartherhof. Kinder und Anfänger finden in diesem speziellen Übungsbereich das ideale Gelände für die ersten Skiversuche. Neben bestens ausgebildeten Schneesportlehrern sowie einem vielseitigen Angebot der örtlichen Skischulen sorgen ein Seillift und Förderbänder für schnelle Lernerfolge. Wer hier alle Hindernisse meistert, ist bereit für Paulis Schneeerlebnisland an der Dorfbahn Warth.

 Video   Webcams   159

61. Lech Zürs am Arlberg

Das Angebot an Wintersport in Lech Zürs am Arlberg ist grandios. Skifahren scheint grenzenlos auch abseits von den Pisten möglich zu sein. Der Arlberg verbindet Tradition und Innovation und weckt Sehnsucht. WintersportlerInnen aus aller Welt wissen die Schneesicherheit, das abwechslungsreiche Gelände und die Faszination der hiesigen Bergwelt zu schätzen.

ℹ️ *info@lechzuers.com* ☐ *+43 5583 2161 0* ℮ *www.lechzuers.com* *www.skiarlberg.at*

🌐 Ort	Lech Zürs am Arlberg	♥ Erlebnis	★	★	★	★	☆
🚠 Bahnen + Lifte	88	🔭 Landschaft	★	★	★	★	★
→ Pistenkilometer	300 km	❄ Winterwandern	★	★	★	★	★
📍 Höchster Punkt	2.450 m	🐾 Schneeschuhe	★	★	★	★	★
📅 Jahreszeit	Dezember – April	🚲 Winterbiken	☆	☆	☆	☆	☆
☑ Winterwandern	tinyurl.com/8eu8szuc	🧍 Kindertauglich	★	★	★	★	☆

Familientickets + Tarif-übersicht mit allen Angeboten

Pistenplan mit allen Pisten, Bahnen und Liften

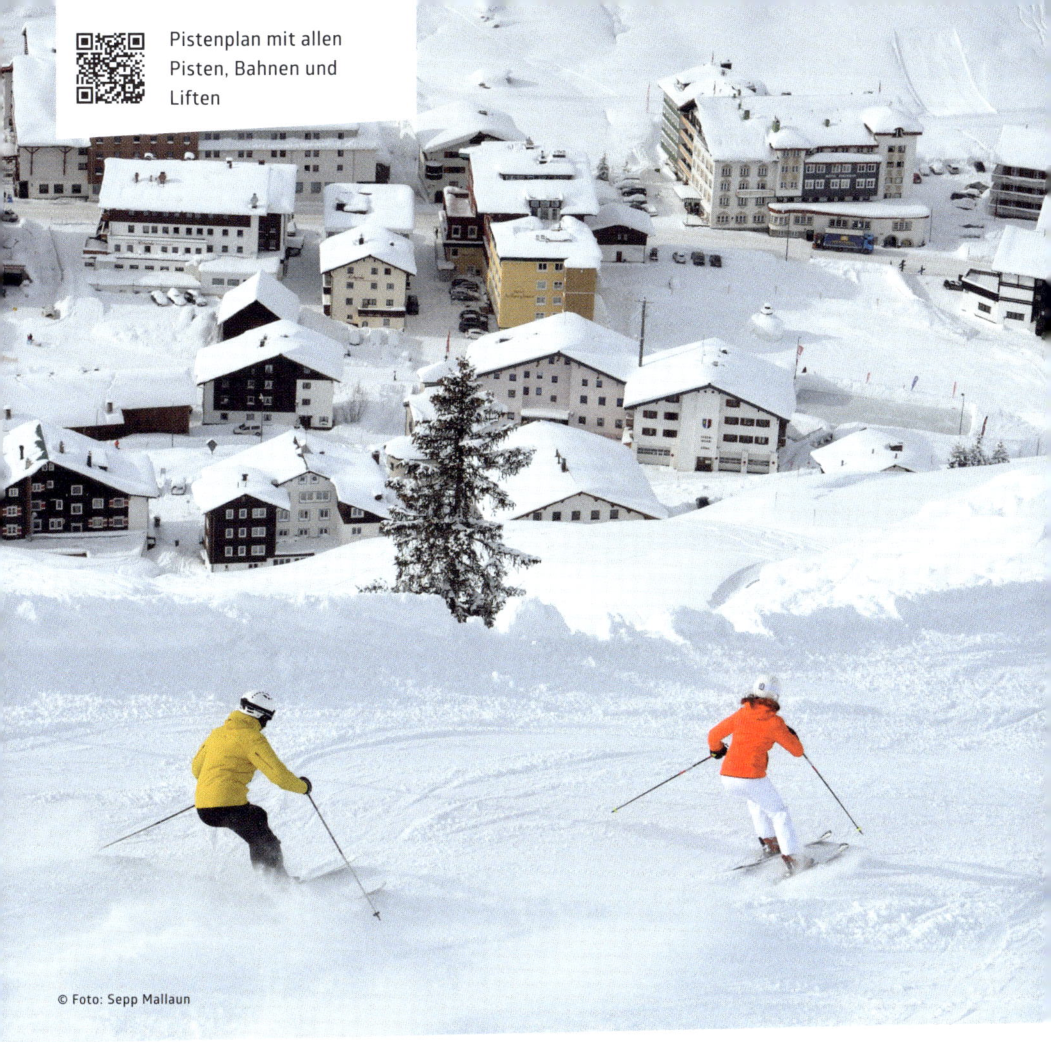

© Foto: Sepp Mallaun

Von der Kinderbetreuung in den Skischulen bis hin zur Babysitter-Agentur. Kinder und Familien werden in Lech Zürs bestens versorgt.

Lech Zürs am Arlberg im Winter ist ein Eldorado für alle Kinder und Familien. Die familienfreundlichen Unterkünfte sorgen mit abwechslungsreichen Animationsprogrammen und liebevoller Kinderbetreuung für einen entspannten Familienurlaub.

In allen Skischulen werden Kinder ab ca. 3 Jahren aufgenommen. Die Kinder-SkilehrerInnen sind bestens ausgebildet und lernen den Kleinsten spielerisch das Skifahren.

Neben der passenden Kinderbetreuung sorgt die Googies Babysitting Agentur für eine Verschnaufpause. Per Telefon (+43 5583 30 972) oder E-Mail (googie@babysitting-lech.at) lässt sich ein herzlicher Babysitter buchen. Alle Infos dazu unter: www.babysitting-lech.at

Alle Kinder sind im Kinderclub Oberlech im Alter von 2 bis 5 ½ Jahre willkommen. Infos dazu auch unter T. +43 664 123 99 93, per E-Mail: info@kinderclub-lech.at oder im Internet unter: www.kinderclub-lech.at

Video

Webcams

62. Gargellen

Gargellen hat das Prädikat „schneesicher", meist Traumschnee bis zur Talstation. Die unberührten Tiefschneehänge in Gargellen warten auf dich. Im Frühjahr, wenn nach einer eiskalten Nacht die Sonne kräftig scheint und die Schneekristalle an der Oberflä- che zu schmelzen beginnen, ist in Gargellen Firnzeit - ein ganz spezielles Erlebnis, vor allem auf Tourenski.

ⓘ *info@traumschnee.at* ☐ *+43 5557 6310* ℮ *www.gargellen.at*

🌐	Ort	Gargellen		♥	Erlebnis	★	★	★	★	☆
🚠	Bahnen + Lifte	8		🔭	Landschaft	★	★	★	★	★
→	Pistenkilometer	38.6 km		❄	Winterwandern	★	★	★	★	☆
📍	Höchster Punkt	2.130 m		🐾	Schneeschuhe	★	★	★	★	☆
📅	Jahreszeit	Dezember – April		🚲	Winterbiken	☆	☆	☆	☆	☆
☑	Nachttouren	tinyurl.com/ffh8r9vy		🧍	Kindertauglich	★	★	★	★	☆

Familientickets + Tarif- übersicht mit allen Ange- boten

© Foto: Sepp Mallaun

Pistenplan mit allen Pisten, Bahnen und Liften

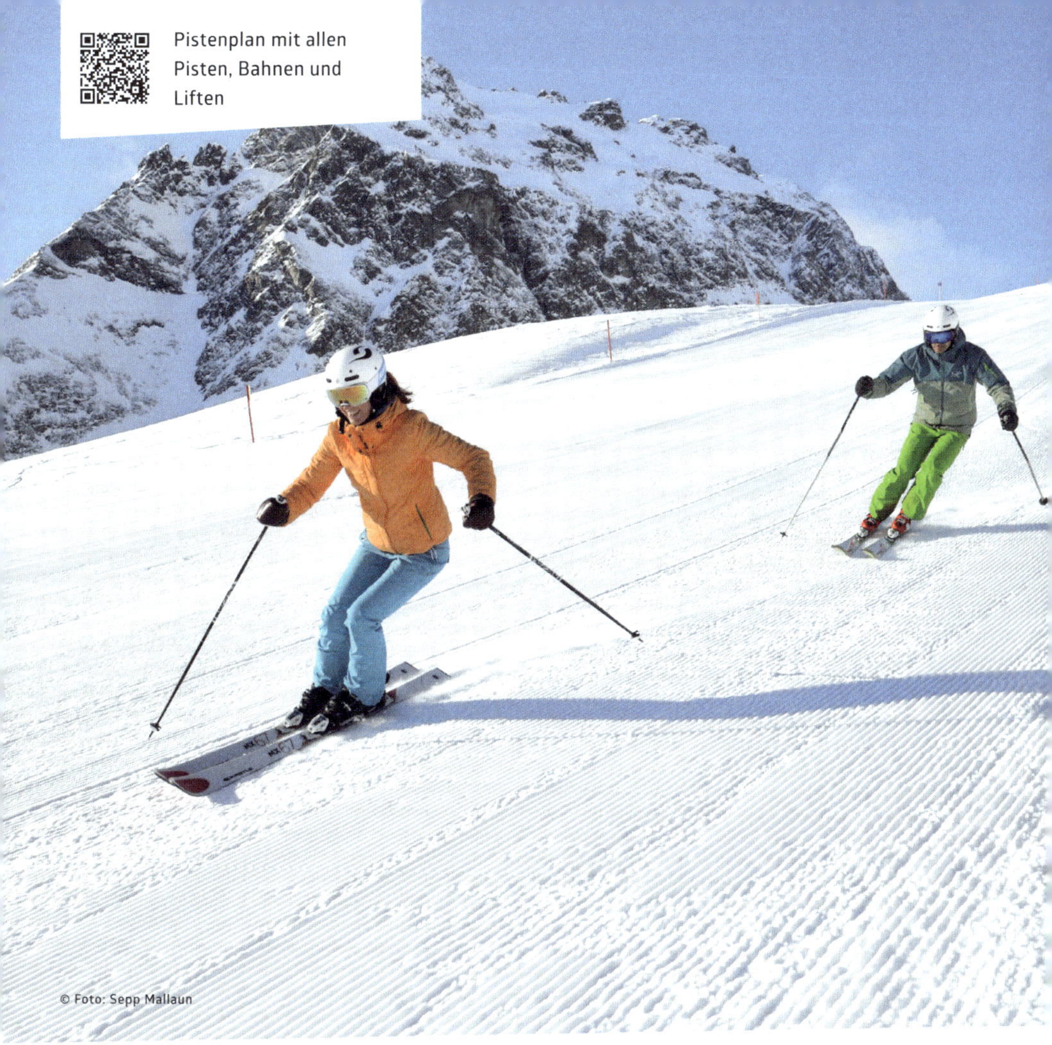
© Foto: Sepp Mallaun

Gargellen ist bei Familien mit eher größeren Kindern beliebt. Argumente, die für Gargellen sprechen sind vor allem:

- Schneesicherheit, da die Talstation auf 1.400m liegt
- Übersichtlich: Eltern haben am Schafbergplateau die Kinder immer im Blick.
- Bis vor die Haustüre: Ski in, Ski out - im Bergdorf Gargellen bist du mitten im Skigebiet.
- Täli: alpine Kulisse, keine Liftstütze, wie im freien Skiraum und doch eine perfekte Piste.
- Auch für Einsteiger: das Schafbergplateau mit seinen blauen Pisten.
- Nidla: der Nordost-Hang mit 500 Höhenmeter Powder, ohne dass du stapfen musst.
- Schafberg Hüsli: wirklich regionale Köstlichkeiten - das schätzen auch die Einheimischen.
- Echte Menschen: kernig, eigenwillig und doch sehr freundlich.

Geführte Abend Schneeschuhwanderung: Nach Skigebietsschluss erlebst du eine geführte Einsteiger Schneeschuhwanderung in Gargellen. Während du Schritt für Schritt auf Schneeschuhen durch den knirschenden Schnee läufst und die kalte Bergluft einatmest, erfährst du alles, was du schon immer über ein Skigebiet wissen wolltest.

Video

Webcams

63. Familientipps „Klein + Fein"

Diese wertvollen kleineren Skigebiete- und Familien-Tipps sind für Winterbeginner und kleinere Kinder. Hoffentlich bleiben uns diese Kleinst-Skigebiete für unsere AnfängerInnen noch möglichst lange erhalten. Für Detailinformationen wie Betriebszeit, Schneelage usw. sind die wichtigsten Kontaktinformationen angeführt.

Brandnertal – Alpenstadt Bludenz – Klostertal – Großes Walsertal

Skilifte Bazora / Gurtis - Frastanz
- +43 664 79 73 659
- www.schilift-bazora.at
- bazora@vol.at

Skilift Tschardund - Nenzing
- +43 664 63 09 739
- www.nenzing-gurtis.at
- fewo.jussel@aon.at

Seilbahn Sonntag - Buchboden
- +43 664 79 73 659
- www.sonntag.info
- gemeinde@sonntag.info

Skigebiet Schneiderkopf - Buch
- +43 5579 82 12
- www.gemeinde-buch.at
- gemeindeamt@buch.cnv.at

Skilift Raggal - Marul
- +43 5553 304
- www.skilifte-raggal.com
- info@skilifte-raggal.com

Skilift Paluda Dalaas - Wald
- +43 5585 7244
- www.dalaas-wald.at
- kpa@kpa.at

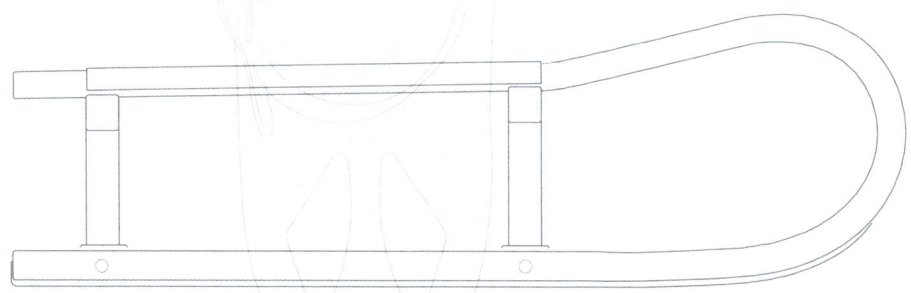

Skilifte Furx

- +43 676 834 916 50
- www.zwischenwasser.at
- gemeinde@zwischenwasser.at

Heumöserlifte Dornbirn - Ebnit

- +43 664 148 25 86
- www.heumoeserlift.at
- heumoeser_lifte@dornbirn.at

Pfänderbahn Bregenz

- +43 5574 42 160 0
- www.pfaenderbahn.at
- office@pfaenderbahn.at

Skilifte Schuttannen - Hohenems

- +43 5576 71 00
- www.hohenems.at
- stadt@hohenems.at

Schilifte Gröllerkopf - Übersaxen

- +43 5522 41311
- www.uebersaxen.at
- gemeinde@uebersaxen.at

Skigebiet Schneiderkopf - Buch

- +43 5579 82 12
- www.gemeinde-buch.at
- gemeindeamt@buch.cnv.at

Luggi-Leitner-Lifte Scheidegg

- +43 676 931 38 99
- www.skilift-scheidegg.de
- josef.eienbach@moeggers.at

63. Familientipps „Klein + Fein"

Bregenzerwald

Bergbahnen Hittisau

+43 5513 62 09 250

www.hittisau.at

tourismus@hittisau.at

Skigebiet Hochlitten - Riefensberg

+43 5513 83 122

www.skilifte-hochlitten.com

office@skilifte-hochlitten.com

Alpenarena Hochhäderich

+43 5513 82 54 0

www.alpenarena.com

office@alpenarena.com

Skilifte Krähenberg - Sibratsgfäll

+43 664 305 33 22

www.kraehenberg.at

info@kraehenberg.at

Schilift Reuthe - Baien

+43 5514 2209

www.reuthe.at

gemeindeamt@reuthe.cnv.at

Bergbahnen Andelsbuch

+43 5512 2540

www.bergbahnen-andelsbuch.at

info@bergbahnen-andelsbuch.at

Skilift Hütten Hirschberg - Bizau

+43 5514 2129

www.bizau-bregenzerwald.com

tourismusverein.bizau@cnv.at

Hagenberg Sulzberg-Thal

+43 676 933 00 23

www.skilifte-hagenberg.at

info@skilifte-hagenberg.at

Skilifte Alberschwende

+43 5579 4220

www.alberschwende.at

info.lifte@alberschwende.at

Skigebiet Niedere Andelsbuch-Bezau

+43 5512 2540

www.bergbahnen-andelsbuch.at

info@bergbahnen-andelsbuch.at

Dorflift Sulzberg

+43 5516 2216

www.dorflift.com

walter@dorflift.com

ℹ Entdecke Neuland mit Tourenspuren - Sommer- und Wintertouren in allen Sportarten

ℯ www.tourenspuren.at

ℹ Vorarlberg Atlas / Karte für Tourenplanung und Recherche

ℯ http://vogis.cnv.at/atlas/

ℹ Alle Tiroler Rodelbahnen

ℯ www.tirol.at/reisefuehrer/sport/rodeln/alle-rodelbahnen

ℹ Hochalpine E+MTB Touren

ℯ www.xitrail.com

Entdecke Neuland

Du bist auf der Suche nach neuen Touren? Ob E+MTB, Klettersteige oder Familienwanderungen auf www.tourenspuren.at findest du deine nächste Tour.

Touren, Trainings und Reisen

Du willst noch mehr Spaß am Trail und auf dem Bike haben?
Ich unterstütze dich dabei, noch sicherer am Trail zu werden. Gerne guide ich dich auf deinem nächsten E/MTB-Adventure.

Ab 7 Ridern unterstützt uns ein zweiter Guide. Schreib mir eine E-Mail (alexander.sonderegger@kombinat.at) und wir planen alles Weitere und bringen dich und dein Bike auf das nächste Level. Ein erster Vorgeschmack und Einblick findest du auf www.xitrail.com.

Buchbestellung

Schnell, direkt und fair im Buchgeschäft deiner Wahl.

  #tourenspuren

Herzlichen Dank

Zuerst möchte ich meinem Freund Werner Sandholzer danken, der wesentlich zum Gelingen dieses Buches beigetragen hat. Darüber hinaus möchte ich wertvollen Menschen danken, die mich bei der Realisierung dieses Buches unterstützten:

Danke an Nina und Thomas für eure Expertensicht und die vielen guten und nützlichen Ideen für die Buchrealisierung.

Danke Xitrail mit Rainer, Fred, Marco, Dominic, Simon, Leo, Marcel, André, Kiki, Christian, Mario, Günther, Klaus, Jürgen, Martin, Börni, Julius, Werner, Stolle, Ruppi und allen Ridern von xltrail.com und tourenspuren.at.

Danke Wolfgang für deine Adleraugen und Blick über den Tellerrand.

Danke Johanna für deine Horizonterweiterung und deine Liebe.

töuren spuren.at   XITRAIL